JN097514

生涯学習支援論

国立教育政策研究所
社会教育実践研究センター

はじめに

　人口減少，人生100年時代と言われる長寿化の進展，地域コミュニティの衰退，超スマート社会（Society 5.0）の実現など，我が国は今大きな変化の時を迎えています。また，地域社会においては，地域の課題が多様で複雑化する中，課題解決に住民が主体的に参画し，持続可能な地域づくりを進めることが求められています。

　このような社会状況を受け，社会教育主事には，社会教育事業の企画・実施による地域住民の学習活動の支援を通して，人づくりや地域づくりにおいて中核的な役割を担うことがこれまで以上に期待されています。そのための実践的な能力を身に付けることができるよう，中央教育審議会において社会教育主事講習及び大学での社会教育主事養成のカリキュラムが見直され，新たな科目として，「生涯学習支援論」と「社会教育経営論」を設けることを規定した改正社会教育主事講習等規程が令和2年4月から施行されます。

　そこで，国立教育政策研究所社会教育実践研究センターでは，新科目に対応する「生涯学習支援論ハンドブック」を作成しました。本ハンドブックでは，住民の自立と地域社会への参画意欲を喚起するために求められるファシリテーション技法をはじめ，学習者の多様な特性についての理解，学習プログラムの企画・実施，学習支援に関する様々な方法などを学べるように構成しています。地域の多様な人材や資源を結びつけ，地域の力を引き出すとともに，地域活動の組織化支援を行う社会教育主事に今後必要な能力であるコーディネート能力，ファシリテーション能力，プレゼンテーション能力などを，生涯学習支援論での学習を通して学習者が身に付けられることを目指しました。本ハンドブックが，社会教育主事講習だけでなく，大学での社会教育主事養成や，都道府県・市町村の社会教育関係職員を対象とした研修などのテキストとしても活用され，全国の社会教育関係者の資質向上の一助となれば幸いです。

　結びに，本ハンドブックの作成に当たり，御指導くださいました清國祐二委員長をはじめ委員各位，並びに御執筆の先生方に厚く御礼申し上げます。

令和2年3月

国立教育政策研究所社会教育実践研究センター長　　　上田　浩士

目　次

参考資料

「生涯学習支援論」で学ぶこと

（1）生涯学習を支援するとは

　生涯学習とは「自己の人格を磨き，豊かな人生を送ることができるよう，その生涯にわたって，あらゆる機会に，あらゆる場所において学習すること」（「教育基本法第3条」）とあるように，公共の福祉（公序良俗）に反しない限り，年齢や対象，内容，方法等において制限されるものではない。世の中のありとあらゆる事象が学習の対象であり，寿命の延伸により発達上の課題も増大している。それらを全て支援することは困難であり，また現実的でもない。公的な支援が求められること，ボランタリーな支援でまかなわれること，ビジネスとして成立する支援など，一口に支援と言っても様々である。社会的ニーズと資源とのバランスを見極めながら，支援を考えていく必要がある。

　そもそも教育内容やその対象が明確である学校教育とは異なり，社会教育は人々の一生の中で多様に行われるため，その支援形態は様々であることが想定される。社会教育法が制定されてから四半世紀ほどは，成熟途上の社会の中で，地域社会には人々がつながり合う必然性や共通の課題が存在し，学習支援を意識せずとも，集い語らう場さえあれば，みんなが当事者として議論し合えていた。公民館や集会所で車座になって，膝を交えて対話し，地域の課題に正面から向き合い，共通の生活基盤の上で解決のために知恵を出し合った。また，情報をかき集め，先進地に赴き，事例に耳を傾け，交流を図った。もちろん，日常的には，趣味・教養・スポーツ・レクリエーション等の文化活動やスポーツ活動を通して地域に根ざした「縁」でつながっていた。

　このように展開してきた社会教育であるので，その前提となる成人は教育の（教えられる）対象ではなく，自らが学ぶべき課題を見つけ，様々な方法で学び，解決の方途を探り出し，同士と共に行動する存在であった。常に学びの主体であり，課題解決の当事者であった。しかし，社会の成熟（物質的豊かさの実現）は人々の関係性を，地域のつながりを徐々に希薄にしていった。それは行政の機能，NPOや企業等の公共への取組能力の高まりと軌を一にしてもいる。課題を克服するために，地域で労苦を背負い込んだり，近隣の他者へ協力を求めたりしづらくなってきた。それと並行して，地域の課題はより複雑化し，深刻化しており，なおさらより多くの人々の力を結集させることが必要となってきた。ここにまた，従来とは異なった社会教育への期待が高まっているといってよい。

1

さて，改めて生涯学習を支援するとは，という問いに戻ろう。「社会において行われる教育は，国及び地方公共団体によって奨励されなければならない」（「教育基本法第12条」）わけである。つまり，法的には社会教育行政は学習支援をしなければならないことになる。これまで社会教育行政は，社会教育施設の設置や，学級・講座の開設等による学習機会の提供，趣味・教養・スポーツ・レクリエーション等の文化活動やスポーツ活動の奨励，社会教育関係団体の行う活動や研修等の指導・助言等を通して広く民間の学習活動を支援してきた。これらは全て学習支援と呼ぶことができる。しかし，本書では施設等のハード的側面ではなく，「学習の質・成果を高める」「学習を通じて人と人とをつなぐ」「学習によって意識と行動が変化する」ための支援に主眼を置きながら記述していきたい。

（2）社会の変化と学習スタイル

　急激な社会変化に対応する社会教育・生涯学習の在り方についての記述は，国内では昭和46（1971）年の社会教育審議会答申，昭和56（1981）年の中央教育審議会答申，昭和59（1984）〜62（1987）年の臨時教育審議会答申の中にも見られる。これはユネスコで提唱された生涯教育の理念やOECDのリカレント教育が大きな影響を及ぼしたものである。平成の時代に入ってからは，その変化がさらに加速し，特に過疎化・高齢化，少子化・人口減少，産業構造の変化とグローバル化，国家間の緊張の高まりなど，直接，間接に，地域の持続可能性を脅かす事態が私たちの暮らしに迫り来ている。

　平成28（2016）年に閣議決定された「第5期科学技術基本計画」において，新たに「Society 5.0」が提唱された。Society 5.0とは，「サイバー空間（仮想空間）とフィジカル空間（現実空間）を高度に融合させたシステムにより，経済発展と社会的課題の解決を両立する，人間中心の社会」（https://www8.cao.go.jp/cstp/society5_0/index.html）を指すという。「新たな未来を切り拓き，国内外の諸課題を解決していく」ための「科学技術イノベーション」の推進が構想されている。社会のイノベーションを図るには，政治・経済・産業のみならず，教育・福祉等の公共部門の革新も同時に起こしていかなければならない。しかしながら，そこには明確な未来像が描かれているわけではなく，イノベーションこそが諸課題を解決する近未来の鍵であることのみ記述されているといっていいだろう。当たり前であるが，それを一つ一つ実現していくのは未来の私たちである。

　人々の働き方や暮らし方，つまり個人の価値観にイノベーションを起こすとは一体

どういうことであろうか。「人間中心の社会」であるならば，テクノロジーはあくまでも「従」である。人間あっての地域であるならば，人口減少は由々しき問題である。都市から地方に転職を伴う移住をして，地方の豊かな資源の中で，地方の暮らしを楽しみ，精神的な豊かさを実現できている人はごく少数派であると言える。多くの人が言葉ではそのような暮らしへの憧れを口にするが，実際に行動に移すには高いハードルがある。これを一歩進めるためには，学びを通した自己変革しかないのではないか。そうであるとすれば，「変容」につながる学びは不可欠であり，そのための支援方法はとりわけ重要となる。これは人々の心をコントロールしようとするものではない。人間の自然な心に向き合い，熟慮を伴う責任ある選択を促すことである。人間の本質から目をそらさず，自然や環境と調和し，多様性を認め，共生できる社会づくりに社会教育・生涯学習は貢献しなければならない。

　地方に横たわる種々の課題は，日本の未来の持続可能性にとっては驚異である。それらの課題の背景や要因をなすものは，ともすれば画一的になりがちな日本人の価値観や志向性にあるのではなかろうか。地方の課題を解決するためにはイノベーションは必要であるが，技術革新による利便性の向上にのみ目を奪われると人々の関係性から生まれる力は損なわれる。それら困難な諸課題を解決するために英知を結集させ，諦めずに粘り強く，協働して取り組む姿勢が重要である。この姿勢や態度を意図的に育成する方法が，学習支援に組み込まれることが望ましい。「自己の人格を磨き，豊かな人生を送る」ことを個人に矮小化してはならず，日本の良さであった「支え合う関係性」を自覚し，認めて，今後の地域づくりにつながる学習支援の方法を確立する必要があるだろう。

(3) 学習支援につきまとう誤解からの脱却

　人々の多様な目的や希望を実現するための生涯学習を支援するということは，生易しいことではない。それを「支援」という名を借りて，特定の方法や形態で縛ることは，学習の自由を束縛することになりかねない。教育の目的と学習の目的が必ずしも合致しないことは明らかであり，教育の目的を押し通すことは主催者の意図を押しつける危険性をはらんでいる。また，無目的に，取りあえず参加型学習（ワークショップ）を組み込んでしまおう，とする安易な学習会も散見される。まずは，この現実を自省するところからスタートする必要がある。

　ファシリテーション，コーディネーション，プレゼンテーション，カウンセリングマインド等は学習支援を行う際に求められる技能や素養である。最近，どこもかしこ

もラベルワークを使った学び合いが行われている印象がある。取りあえず，グループに分かれてもらい，付箋紙と模造紙を配付し，思い付くアイデアを付箋紙に書き込ませる。それらを模造紙上に出し合い，類型化し，構造を明らかにし，結論を導き出す。能動的に学習活動に参加した実感は生まれるが，それはあくまでも一緒に作業に携わった実感であり，必ずしも学びの深化につながっていない場合も多い。ワールドカフェもよく見られ，参加者の出会いの場や関係づくりとしては適しているが，それ以上の効果は認められない。ここで例に出した手法を悪者扱いするつもりはない。学習の狙いや目的よりは見た目の活況に惹かれて，「取りあえず」利用することに問題があり，それがうさん臭さや誤解を生むのである。

　学習支援という文脈で考えた場合，問題・課題意識の広がりや深まり，学習内容の深い理解や定着，改善策や打開策の検討，次の行動につなぐネットワークの形成，モチベーションの向上等，学習者のニーズに応じた方法を駆使する必要がある。それらの求めに応じた方法を選択しつつも，学習者同士のニーズは必ずしも共通しておらず，個別的である。だからなす術はないのかというと，個人のニーズと集団の相互作用による成果（結果）は，進め方次第では相反せず，折り合い，両立するものである。その可能性を開くのがファシリテーション能力である。学習者一人一人の思いを尊重しながら，相互交流の生まれる参加型の学習方法（グループ・ディスカッション等）を採用することで，受容的な態度で相手と向き合い，かつ自分の思いをしっかり相手に伝える能力を高めていく鍛錬ができるのである。

　それとは別に，ICT（Information and Communication Technology）の進展により，生涯学習の支援方法が変貌を遂げつつある。一昔前であれば，通信教育や遠隔教育，視聴覚教育等の中で，環境に制約のある学習者のニーズに応えていた。それらの支援方法は技術革新によってさらに利便性が高まっており，インターネット等のインフラの整備は環境の制約に限らず，全ての学習者に対する学習支援となってきた。双方向も可能な同時配信型中継による学習が提供されたり，インターネット上に散在するマルチメディア型のコンテンツをオンデマンドで視聴したり，さらに教材・配信・学習歴（成績）等を統合的に管理するシステム（LMS：Learning Management System）を用いて体系的な学習に取り組んだりと，学習支援ツールの進歩は著しい。

　また，アナログな方法では，フィールドワークやサービスラーニング，ボランティアラーニング等の体験型の学習がある。そもそも生活に根ざした学び合いを得意としてきた社会教育では，体験型の学習はその対象が青少年等を中心に行われてきた。しかしながら，近年では頻発する自然災害へ備える防災教育や，環境破壊について実感

をもって学ぶ環境教育，消費者が市民社会づくりに責任を負う消費者教育等の領域
で，対象や世代に関わりなく体験型の学習が浸透してきた。ESD（持続可能な開発
のための教育：Education for Sustainable Development）やSDGs（持続可能な開
発目標：Sustainable Development Goals）などがこの流れを牽引していくものと
考えられる。

　このように学習支援の方法は格段に広がりと進化を見せている。これらを目的に応
じて使い分け，時には組み合わせ，それを適切に使いこなす人材が必要であり，ファ
シリテーター等の養成は今後の最重要な課題の一つであるといってよい。とりわけ社
会教育の現場では，学習者が相互に学び合い，気付き合い，協力して行動計画を作
り，それを実践するという一連の流れを作り出すことも視野に入れたい。このサイク
ルにおいて，時には寄り添い，伴走する役割（ファシリテーターを含む）にも注意を
払いたい。だからと言って，教授者（指導者・専門家）が不要であるということでは
なく，学習支援に携わる人の必要性が相対的に高まるということである。学習支援
は，今後も社会教育のあらゆる分野で，ますます厚みを増すことが期待される。

$$* * * * * *$$

　本書では，多様な学習場面を想定しながら学習支援を論じている。したがって，学
習支援に関わる者の呼称について厳密には統一できていない。例えば，教育者，教授
者，指導者，専門家は，学習者と比して知識や技術，情報等において優位であり，分
かりやすく伝える技能も持ち合わせている。この教える行為も学習支援の重要な一部
であり，彼らもまた学習支援者と言える。

　しかし，本書は新制度の社会教育主事講習（社会教育士の称号も付与）のハンド
ブックであるため，学習支援者のイメージは基本的に社会教育主事（社会教育士）に
重ね合わせている。そのため，コーディネーション，ファシリテーション，プレゼン
テーションに求められる諸機能・技法を習得することを中心に据えている。学習者の
状況に応じて，臨機応変に方法を変えなければならない点において，支援する行為は
教える行為よりも難しい場合がある。これらの能力を高めることで，学習者一人一人
の学びを深め，かつ学習者相互のつながりをつくり，行動へと結実させることを願
う。このような観点に留意しつつ，本書を読み進め，理解を深めていただきたい。

（清國　祐二）

第1章
学習者の特性に応じた
学習支援

I　社会教育における学習支援の原理

1　社会教育における学習支援を捉える視点

(1)「社会教育らしさ」への注目

　社会教育とは，学校及び家庭以外の場で行われる教育のことである。一般に，教育といえば学校教育のことがイメージされ，その対象としては子供がイメージされることが多いのに対して，社会教育においては，１）教育が学校（及び家庭）だけで行われるわけではないこと，２）学習するのは子供だけではなく，大人の学習が中心に扱われることが多いこと，を前提に学習やその支援の在り方が考えられなければならない——社会教育とは何かを説明する際，まずはこのように教育の行われる場と，それに基づく対象の違いが強調されることが多い。

　こうした社会教育の定義的な説明ができることも重要である。しかし，それと同時に重要なのは，教育の場や対象の違いと関連しながら，学校教育とは異なる，社会教育らしい学習や学習支援の在り方が大切にされてきた，ということである。一口に「社会教育らしさ」といっても，その内容は多様であるし，あるべき姿をめぐって様々な立場の違いもあるが，社会教育における学習や学習支援が学校教育とは異なるどのような特徴をもち，また，どのようにあるべきだと考えられてきたのかについて理解しておくことは，社会教育主事等の役割を考える上での前提であると言える。

(2)「社会教育らしさ」を捉える前提

　社会教育らしい学習や学習支援の在り方を考える際に前提となる，学校教育と社会教育との違いとして，以下の５点を挙げることができる。

ア　学習者

　学校教育では，小学校と中学校は義務教育とされ，それ以外の学校においても在籍中は授業への出席が前提とされるのに対し，社会教育では，学習機会に参加するかどうかは学習者自身で決めることである。そのため，学校教育においては，学習機会に学習者が集まるかどうかを心配する必要がなく，学習者がどのようなニーズや関心を持っているかを必ずしも考えなくてよいのに対して，社会教育においては，講座等に参加者が集まらなければ学習機会自体が成立しないため，学習者がどのようなニーズや関心をもっているかが重要になる。ただし，同じ講座に参加して

いても，資格を目指して参加する人もいれば，友人をつくりたくて参加する人もいるように，一口に学習者のニーズや関心といっても多様であることにも留意しなければならない。

イ　学習支援者（指導者）

　社会教育においては，学校教育以上に学習支援（者）の在り方を幅広く捉えておくことが必要である。一口に学習支援といっても，講義などに代表される直接的な学習支援から，情報提供や相談といった間接的な学習支援まで，様々な学習支援の形がある。さらに，社会教育のための施設の設置や支援者の養成など，学習のための環境を整備することも広い意味で学習支援の一部であると考えられる。

　具体的な学習の場面においても，グループ・サークルでの学習のように，「教える側」と「教えられる側」が明確に区別できない場合や，直接的な指導者がいない場合も少なくない。指導者がいる場合においても，（様々な指導者資格等はあるが）教員免許のような制度が整備されているわけではなく，職員かボランティアかを問わず，基本的には誰もが指導者になり得ることも社会教育の特徴と言える。

ウ　学習する時間・空間

　学校教育における学習者の多くは，平日の日中は学校で学ぶフルタイムの学習者であるが，社会教育における学習者は，日常の生活の一部の時間で学ぶパートタイムの学習者と言える。

　そもそも，学校における学習は，他の生活から時間的にも空間的にも明確に区別できる独立した活動として捉えられることが多いが，社会教育においては学ぶきっかけや内容についても日常生活の影響を受けやすいし，一つの活動の中に，学習以外の様々な要素（仕事や遊び，子育てや介護，ボランティア活動や友人との交流など）が混在しており，学習だけを明確に区別できないことも多い。

　したがって，社会教育においては，学習が学習者の日常的な生活，ひいてはその人の生き方や地域の在り方とも密接に関連していることを踏まえることが重要である。

エ　学習の内容

　学校教育では，学習指導要領等によって学習の内容が定められているのに対し，社会教育においては，学習内容は多様に設定され得るため，学習機会ごとにどのような内容を扱うかが検討されなくてはならない。特に社会教育行政が提供する学習機会においては，学習者の自発性を重視し，より多くの参加者に学んでもらうためにも，学習者のニーズや関心に基づいて学習内容を設定することに意義があるとい

える一方で，行政が税金によって提供する学習機会においては，地域や社会の課題など，学習者が学ぶべきだと考えられる，より公共的な学習内容を設定することに意義があるとも言えるため，両者のバランスをどのようにとっていくかが課題となりやすい。

オ　学習の社会的な意味

　学校教育では，一定の教育課程を修了することで得られる学歴や学位，単位などは公的に認められたものである。社会教育においては，継続的な講座などで学んだ場合には修了証などが授与されることもあるし，資格が得られる場合もあるが，多くの場合，学歴や学位に比べれば，学んだことに対する社会の認証のレベルは低いと言える。

　ほかにも様々な違いを指摘することができるが，こうした学校教育と社会教育の違いを踏まえるとき，第1に，社会教育を考える上では，学習や学習支援の在り方を幅広く捉えておく必要がある。学習者や学習支援者の在り方や，学習の目的・内容・方法が多様であること自体が，学校教育と比べた際の「社会教育らしさ」であると言えるため，学校教育における「教育」のイメージで社会教育を捉えるべきでないし，自分の知っている実践だけを社会教育の典型例だと捉えることや，一つの「あるべき姿」だけを基に社会教育の在り方を考えてしまうことにも注意が必要である。第2に，こうした違いの背景に，社会教育が，学校教育に比べて制度化・組織化されている度合いが低いことを踏まえておく必要がある。学校教育が全ての子供に提供されるべき社会の基盤的サービスとして整備され，高度に制度化・組織化されたシステムとして機能しているのに対し，社会教育は，学校教育に比べて制度化の度合いが低く，学校教育が必然的にもたざるを得ない統制的・画一的な性格から比較的自由である点に特徴がある。こうした特徴は，社会教育とは何かを捉えにくくさせるものでもあるが，制度化・組織化の度合いが低いことによって生じる自由さや柔軟さにも価値があることを踏まえておく必要がある。

2　社会教育らしい学習支援の在り方

　社会教育の領域において，これまで望ましいと考えられてきた学習や学習支援の在り方として，以下の3点を挙げることができる。

(1) 学習者の自発性の尊重

　学習者の自発性の尊重は，社会教育の中心的な原理として位置付けられるものであ

るが，日本では，第二次世界大戦後の社会教育において特に重視されるようになった。戦後，学習者の自発性が特に重視されるようになった背景には，軍国主義的な価値観の下で，国家による国民の統制的・動員的な色彩が濃かった戦前・戦中の社会教育への反省があった。そこでは，一人一人が自分の意志で学べる自由が守られると同時に，そうした学習を通じて，新しい民主的な社会を担う自律的な個人が育成されていくことが期待された。社会教育法において，１）社会教育行政の役割が間接的な学習支援（環境の醸成）に限定されていることや，２）社会教育主事による指導・助言が，専門的かつ技術的なものに限定されていること，３）社会教育関係団体への補助金が，行政による不当な支配に結びつかないように配慮されていること，４）地域の社会教育行政の在り方を決めるプロセスに住民が参加できるようになっていること，などはいずれも戦前・戦中の反省を踏まえた学習者の自発性を尊重するためのルールであると言える。

　このような状況の下，具体的な学習支援の場面においても，いわゆる"Self-Directed Learning"（自己主導型学習：SDLと略されることも多い）などの考え方に代表されるように，学習者の自主的・自発的な選択と，それを支える学習支援者の間接的・側面的な働きかけが重視されてきた[1]。

　しかし，現実には，学習環境の面でも，資質・能力の面でも，全ての人が自発的に学習できるわけではない中で，学習支援者は学習者の自発性を尊重することの難しさにも自覚的である必要がある。例えば，学習者に学習に関する情報が不足している場合や，学習者が自らのニーズをきちんと把握できていない場合には，専門的な観点からの情報提供やアドバイスが必要な場合もあるし，ジェンダーや多文化共生に関する学習など，学習者自身の価値観や思考の枠組み自体を変えるような学習は，学習者の自発性だけでは実現しないことも多い。また，既に見たように，社会教育行政が提供する学習機会については，学習者が多く集まりやすい学習内容よりも，より公共的な学習内容を設定することが望ましい場合もあり得る。学習ニーズには，学習者自身が意識している顕在的な学習ニーズと，学習者自身は意識していない潜在的な学習ニーズの双方があるが，特に後者の学習を支援する場合には，学習者の自発性の尊重と学

---

[1]　"Self-Directed Learning" は成人学習論の中心的な概念の一つと言えるが，日本語では「自己主導型学習」「自己管理型学習」「自己決定学習」など複数の訳語があり，必ずしも統一されていない。こうした訳語の違いは，"Self-Directed Learning" をどのように捉えるかという学問的立場と関連していることも少なくないが，本テキストでは「自己主導型学習」で統一することとした。

習支援者による支援のバランスをどのようにとっていくかが課題となりやすい。いずれの場合も専門家による間接的・側面的な支援を受けながら学習者が自発的に学習を進めることができれば理想的ではあるが，学習者の自発性を尊重しようとすることで，結果として，必要な支援が妨げられてしまったり，自発性を尊重するための支援が，結果として，専門家や行政による管理・誘導につながってしまったりすることも考えられる。特に近年では，社会的・経済的な格差への関心が高まっているが，自発的に学習できるかどうかは，学歴や所得といった社会的・文化的な背景の影響を受けやすいため，学習者の自発性の尊重が，自発的に学習できる人とそうでない人の格差を拡大してしまう危険性についても考慮しておく必要がある。

　ここで重要なのは，学習者の自発性は，社会教育の前提（スタート）でもあるし，目指すべき目標（ゴール）でもある，という二つの側面を有しているということである。社会教育における学習支援を考える上では，こうしたスタートとゴールの間で，学習者の自発性の尊重と，そのための支援をどのように両立させ得るかが考えられなくてはならない。

(2) 学習者同士の相互的な学習の重視

　社会教育においては，教師／生徒関係のような「教える側」と「教えられる側」が固定された関係ではなく，学習者同士が対等な立場で相互に学び合うような学習こそ，社会教育にふさわしいと考えられてきた。グループ・サークルなどの団体での学習活動の支援が重視されることや，ワークショップに代表される小集団を活用した数多くの学習方法が開発されてきたことも，学習を相互的なものにするための取組であるし，講座の終了後に，参加者が自主的な学習グループとして活動を始めるのを促すことが重視されてきたことも，相互的な学習に価値が見出されてきたからであると言える。そこでは，学習者同士の相互性が，討議などを通じた集団学習だけでなく，他者との出会いや交流や，自己表現や自己実現につながったり，日常的な「生きづらさ」や抑圧からの解放につながったりすることが期待されてきた。

　相互的な学習が大切にされてきたのは，既に見た学習者の自発性の尊重とも密接に関連している。例えば，社会教育において伝統的に重視されてきた小集団での学習活動において，それぞれの集団は，職場や家庭とは異なる自由な人間関係の中での話合いや交流を通して，メンバーが日常生活から解放され，お互いにより自分らしく生きられる場所としても意味を持っていた。そこでは，自発的な学習（や生き方）は必ずしも個人で達成されるものではなく，相互的な集団での学習を通じてこそ可能になる

と考えられてきたのである。

　とはいえ，相互的な学習が常に有効であるとは限らない。体系的に知識を学ぶので
あれば，講義の方が効率的であることもあるし，相互的な学習自体が苦手であるとい
う学習者も少なくない。また，戦前・戦中の社会教育に見られたように，集団が人々
を管理・統制するために利用されることもあるし，集団の人間関係がストレスや依存
を生み出すこともある。そのため，社会教育の領域では，民主的な集団運営の方法
や，集団としての自発性を損なわないような行政の支援の在り方などが重視されてき
た。さらに，学習ニーズの多様化や，情報技術の進歩により，近年では個人で学習を
行うことが容易になり，学習の個人化が進んできているが，そうした状況において
も，あるいは，そうした状況であるからこそ，学習者同士が相互に学びあい，支え合
う中で，学習がより主体的なものになっていくことが期待されている面もある。

(3) 学習以外の領域との関わり

　既に見たように，社会教育における学習は，学習者の日常生活と様々な形で結びつ
いている。そのため，社会教育における学習は，知識や技能を習得するだけでなく，
生活や地域をより良くするものとなることが重視されてきた。学習者個人について
は，学習を通じて生活の中で困っていることを解決したり，地域の知り合いが増えた
りすることが望ましいとされてきたし，学んだことを生かして，資格を取得したり，
ボランティア活動や地域活動をしたりすることなども学習を有意義にする重要な要素
であると考えられてきた。また，地域や社会にとっても，住民の学習を通じて，地域
の課題が解決されたり，住民同士のネットワークが形成されたりすることは，社会教
育が振興されるべき重要な理由であると考えられてきた。こうした状況は，社会教育
の領域が，学校教育以外にも，福祉や医療，労働，地域づくり，文化活動，住民運動
といった教育とは異なる領域と多くの接点をもってきたこととも関係している。

　こうした中で，社会教育における学習機会においては，学習を学習だけで完結させ
ないような支援の在り方が重視されてきた。具体的には，日常生活や地域で課題と
なっていることを学習テーマとして取り上げたり，講座の中で住民同士が知り合える
ような工夫をしたり，活動や話し合いを通じて体験的に学べるようにしたり，学んだ
ことを生かして新たに活動を始めるための情報を提供したり，といった様々な工夫が
なされている。

　一方で，学習が学習以外の要素と結びつきやすいことには，社会教育が政治や経済
といったいわば「外側」の論理の影響を受けやすく，領域としての自律性を確保しに

くいという問題もある。住民の自発的な学習の結果，地域がより良くなっていくのは望ましいことであるが，一方で，社会教育の成果を強調しようとするあまり，社会教育が地域づくりのための手段であるかのように語られてしまうことも少なくない。しかし，社会教育が他の領域の手段として位置付けられることは，社会教育がかつてのように統制的・動員的な要素をもつことになりかねないし，結果として，学習者の自発性や自律性を損なうことにもなりかねない。

　こうした問題は，社会教育における学習や学習支援の在り方を評価することの難しさとも関連している。近年では，行政の働きを目に見えるデータ等によって評価し，それを根拠に今後の計画等を立てていくことが重視されているが，社会教育においては，そもそも学習者が学ぼうとする目的自体が多様であることに加えて，生涯学習を支援することの社会的な成果をどのように捉えるかも多様である。学習に関する成果と，学習以外の領域での成果をどのようにバランスよく評価していくかも，社会教育における学習支援の重要な問題であると言える。

（青山　鉄兵）

Ⅱ　成人期の理解と学習

1　成人期の理解と学習

　そもそも「学習」とはどのような営みを指すものなのか。「学習」について事典をひも解くと「経験や訓練の結果として行動が変容し，それが比較的永続的に保持されること」「経験あるいは経験の反復によって生じる行動の持続的変化の過程あるいはその結果」との定義が見出される。ここから解るように「学習」とは，知識や技能の獲得のみに留まらず，人間の経験と行動の変容という視点から捉える概念と言える。

　「生涯学習」の視点からは，もはや学習は人間が一人前の成人になるための準備として行われるものではなく，人間がその生涯を通じてより良く生きていくための自発的で主体的な行為であり，一人一人の人間が自らの意思で選んだ学びを通じて，最も適切な自己実現を求めてその人が「よく」変化していく営みであると言える。

　生涯学習の支援は，彼らの「よく」なりたいという思いに応えるためにも，学習者の特性に配慮しその支援を行っていくことが重要になる。以下に，20世紀に提出された生涯発達の理論を紹介した。まず，成人の学びを支援する前提として，成人期とはどのような時期なのかを諸学説から学ぶこととしたい。

(1) 生涯発達の理解から見た成人の学習

　今日，発達心理学のテキストには「生涯発達」という言葉が当たり前のように記されている。しかし，この概念は1970年以降一般に認められた概念であって，それまで人間の発達の問題は「誕生から青年期くらいまでの間」すなわち，人間の誕生から成人に至るまでの時間の経過の中での，身体的，心理的（知的，人格的），社会文化的役割の変化がどのように生じるかという問題を中心に扱われてきた。要するに，人間は大人になることで人間の知性，身体，人格は完成するものと考え，成人期以降の可塑性はないという考えが主流であった。もちろん古来より「青年期以降も人間は発達し続ける」という考え方がなかったわけではない。古くは孔子の『論語』，インド思想の「四住期」などには人間の在りようを幼少から老年期までをも射程に入れて描いており，同時にそれらの変化を踏まえた生きる指針，人間の悲哀等が語られている。

　近代以降，近代公教育制度の成立に伴う学校教育の普及とともに，学ぶという行為は専ら子供の問題，せいぜい社会に出る前の若者の問題と考えられてきた。なぜなら

学ぶことは世に出るための手段とみなされてきたからである。

　しかし、1950年代以降、先進工業国では平均余命の伸長に伴う形で、中年期以降の人間に生じる身体・心理・社会的役割等の変化についての研究が盛んに行われた。

　1950年ごろまでに提出された成人期の発達上の課題を論じた学説の代表的なものに、ハヴィガーストやエリクソンの理論がある。彼らは人間の発達は個人と個人を取り巻く環境（社会）への均衡状況に向けて起こるものとみなし、そこでの社会的要請への適応を図るための発達課題が人間の全生涯に存在することを説いた。

　ハヴィガースト（Havighurst, R. J.）は、発達課題を次のように定義した。「…人生における発達課題はわれわれの社会において健康にしてかつ満足できる成長を遂げるためのものである。…発達課題というのは個人の生活のある特定の時期に登場し、それらの課題をうまく達成できれば後の段階での課題をも成功裡に遂行できるようになるが、現在の課題達成に失敗するとそれが個人の不幸や社会による不承認あるいは後の段階での課題遂行の困難性の増大につながっていくのである。」（Robert Havighurst, Human Development and Education, David Mckay, 1952, p. 2）。

表1　ハヴィガーストの発達課題

発達段階	発達課題
幼児期および早期幼児期 （6歳くらいまで）	1．歩行の学習 2．固形食摂取の学習 3．話すことの学習 4．排泄の仕方を学ぶこと 5．性の相違を知り性に対する慎みを学ぶこと 6．生理的安定を得ること 7．社会や事物についての単純な概念を形成すること 8．両親や兄弟姉妹や他人と情緒的に結びつくこと 9．善悪の区別を学び、良心を発達させること
児童期 （6歳〜12歳）	1．普通の遊戯に必要な身体的技能の学習 2．成長する生活体としての自己に対する健全な態度を養うこと 3．友だちと仲よくすること 4．男子として、また女子としての社会的役割を学ぶこと 5．読み・書き・計算の基礎的能力を発達させること 6．日常生活に必要な概念を発達させること 7．良心・道徳性・価値判断の尺度を発達させること 8．人格の独立性を達成すること 9．社会の諸機関や諸集団に対する社会的態度を発達させること

青年期 （12歳〜18歳）	1. 同年齢の男女との洗練された新しい交際を学ぶこと 2. 男性として、また女性としての社会的役割を学ぶこと 3. 自分の身体の構造を理解し、身体を有効に使うこと 4. 両親や他の大人から情緒的に独立すること 5. 経済的な独立について自信をもつこと 6. 職業を選択し準備すること 7. 結婚と家庭生活の準備をすること 8. 市民として必要な知識と態度を発達させること 9. 社会的に責任のある行動を求め、そしてそれをなしとげること 10. 行動の指針としての価値や倫理の体系を学ぶこと
壮年初期 （18歳〜30歳）	1. 配偶者を選ぶこと 2. 配偶者との生活を学ぶこと 3. 第一子を家族に加えること 4. 子供を育てること 5. 家庭を管理すること 6. 職業に就くこと 7. 市民的責任を負うこと 8. 適した社会集団を見つけること
中年期 （30歳〜60歳）	1. 大人としての市民的・社会的責任を達成すること 2. 一定の経済的生活水準を築き、それを維持すること 3. 10代の子供たちが信頼できる幸福な大人になれるよう助けること 4. 大人の余暇生活を充実させること 5. 自分と配偶者とが人間として結びつくこと 6. 中年の生理的変化を受け入れ、それに適応すること 7. 年老いた両親に適応すること
老年期 （60歳以上）	1. 肉体的な力と健康の衰退に適応すること 2. 隠退と収入の減少に適応すること 3. 配偶者の死に適応すること 4. 自分の年ごろの人々と明るい親密な関係を結ぶこと 5. 社会的・市民的義務を引き受けること 6. 肉体的な生活を満足に送れるように準備すること

（出典：R. J. ハヴィガースト　荘司雅子訳『人間の発達課題と教育』玉川大学出版部，1995 年より
作成）

● 参考：発達課題論

> 　生涯教育という考え方が移入された直後の日本における社会教育施策は，この発達課
> 題論に依拠していた。ハヴィガーストは，これらの発達課題が教育課題として普遍性を
> 持つとしたが，彼の発達課題論には彼自身の生きた地域，時代，社会，当時の性役割分
> 業観が反映されており，個人の生き方が多様化している今日では彼の提唱した発達課題
> をそのまま学習課題とすることはできないとの指摘がある。

　1970年代以降に行われた生涯発達の研究から導かれた成果には，成人期は決して「心理的に」安定した時期ではないという考え方がある。

　中でも，注目された学説にレビンソン（Daniel, J. L.）の成人発達論がある。彼は異なる職業，生活形態をもった中年期の成人を対象としたインテンシブな面接調査を行い，成人期における発達を生活構造の変化として捉えた。彼は，成人期には安定期（生活構造が築かれる時期）と過渡期（生活構造が変わる時期）が交互にやって来るものとし，職業や生活形態や性別といった社会的状況の違いを超えて，年齢に関連して「心理－社会的な危機」が周期的に生起し，またこれらの危機は，成人前期から成人中期へ，成人中期から成人後期（老年期）へと「生活構造が変わる過渡期」に集中的に生起し，人間の自我はこれらの危機を乗り越えることで成長するように挑まれていると論じた（ダニエル・レビンソン，南博訳『ライフサイクルの心理学』講談社，1992年）。

　他にも，成人が置かれた環境の中でどのような経験をするか，またそこでの経験をいかに認識・解釈するかによって人間の成長や発達が決定されるという，ライフイベント（life event）の出現とその後のライフコース研究から，次のような知見が導かれている。

　私たちの人生には，結婚・就職・出産・転職・大病・定年退職，配偶者の死など，その後の人生に影響のある大きな出来事，すなわちライフイベントが生起する。そして，ライフイベントによっては，成人のこれまでの経験を認識・解釈する中で形づくられた認識枠をもって対応しきれない状況も起こる。このような葛藤や矛盾などの不均衡状態こそが心理学でいう「危機」であり，それを乗り越えるために成人はこれまでの認識枠や生活を新たな諸条件や課題に合わせて修正したり，再構築したりすることが求められていく。良いことであれ，悪いことであれ，この新たな事態へ対応していこうとするこのエネルギーこそが成人の発達を促す機動力になり，ここに成人の学習への動機付けが生まれると説明されている。

　生涯学習の推進には，学習を通じた人間の生涯にわたる成長・発達，自己実現の達成の支援という教育的意義がある。その意味でも社会教育や生涯学習の行政的支援，中でも学習課題の設定に際しては，まず，学習者が学習に対していかなる顕在的あるいは潜在的学習ニーズを持っているかを十分に把握することが求められる。個人の生きがい，健康，就職，仲間づくり，まちづくりなど，学習主体や学習の達成目標が異なれば学習課題もおのずと異なるものとなる。したがって，学習課題を設定する際には「誰が，何のために，その内容の学習を，誰に求めていくのか」が重要な観点とし

て問われることになる。

　この意味でも，生涯学習の支援については，「成人もまた自らの生活の中で生起する出来事や学習を通して自分の生き方を絶えず修正・再構築しながら自らの人生を築いていこうとしている人々なのだ」という認識に立って施策を計画・実施していく視点が重要である。

●参考：学習課題

> 　学習課題は，学習者が何を学ぶべきかを課題群として整理し示したもの，あるいは学習者が取り組むべき学習の方向を示すものという意味で用いられている。また，学習課題は学習上の目的が学習者やプログラム作成者によってどの程度達成されたかを測定評価する場合の基準にもなるため，社会教育計画や生涯学習推進計画の立案に際して非常に重要な意味を持つものと言える。

(2)　成人期にある「学習者」の特性と学習支援

　1970年にノールズ（Knowles, M. S.）が著した『成人教育の現代的実践』は，今日の成人教育学の基礎を築いた理論である，彼の学説は後に批判も多数加えられたが，彼が説いた成人「学習者」の特徴を紹介する。1）成人は学習において自己主導性（自己決定性）を志向する存在である，2）成人の蓄積した経験は，学習の貴重な資源となる，3）成人の学習へのレディネス（readiness）は，社会的役割あるいは社会的発達課題を遂行しようとするところから生じることが多い，4）成人の学習では問題解決にすぐに役立つ知識や技能が求められる，5）成人の学習の動機づけは，外在的なもの（資格取得，仕事等）の他に，内在的なもの（興味，自己実現，社会的要求等）に分類される。学習がうまくいけば学習動機自体もより分化・高度化していくが，うまくいかなければ当初の学習動機は萎縮し消滅すると論じた（なお，ノールズの学説については，第Ⅰ章Ⅱ-2「成人期の教育理論」に詳細な説明があるので参照のこと）。

　また，心理学者のエリクソン（Erikson, E. H.）は，壮年期を家庭的にも社会的にも人生の中で重要な位置を占める時期だとし，この時期の課題を円滑な家庭生活の維持，職業人としての役割の遂行，経済的基盤の確保，地域社会との交流を深めること，年老いた両親の介助，自己の目的に応じた所属集団を選択しその諸集団の中で主体的・合目的な活動を行うことと説明している。したがって，成人期の学習支援では，特に学習者の社会的役割に着目することが重要であると言える。

(3) 高齢期にある「学習者」の特性と学習支援

　社会の高齢化が進む我が国では，限られた社会資源を活用する視点からも，心身の健康に恵まれた高齢者の社会参加が期待されている。一方で，高齢者自身がさらされる変化，身体機能の低下，社会的役割の縮小・喪失，などによる孤独感，疎外感，認知症など高齢期に生じる「喪失」をいかに乗り越えるのかといった課題解決に向けた学習要請も高まりを見せている。心理学者であり教育学者であったマクラスキー（McClusky, H. Y.）は，1971年のホワイトハウス・エイジング会議のバックグラウンドペーパーの中で高齢者の教育ニーズとして次の五つを示した。

　　1）対処的ニーズ：高齢期の生活に対処していくのに最も必要となるもので，高齢期の生活に役立つ知識や技術の獲得に向けたニーズ（例：健康のため，経済的自立のための教育など）

　　2）表現的ニーズ：活動それ自体の中に見出される喜びへのニーズ

　　3）貢献的ニーズ：他者や地域のために役立つ活動に参加し，これらに参加することで，周りから認められたいというニーズ

　　4）影響的ニーズ：自分の生活環境により大きな影響力を与えたいというニーズ

　　5）超越的ニーズ：身体的パワーや余命の減少という制約を乗り越えたいというニーズ

　彼は「表現的ニーズ」について，高齢の学習者は職場や家庭における役割から解放され，学習を通じて資格や知識や技術を獲得することよりも自分を表現することによって得られる喜びや満足を得ようとする傾向が強まることを指摘した。また，影響的ニーズについては，このニーズが社会的にゆがんだ形で表現されると高齢者が自らの特権的地位を独占しようとする老人支配（ジェロントクラシー）に陥る危険があるとした。自主グループや地域の活動等で，高齢者の世話役が後進に道を譲らないという問題が聞かれるが，この背景にはこのような高齢者の思いがあることを了解しつつ，生涯学習の支援に当たることが肝要と言える。さらに，彼は高齢者の最も高齢者たるニーズとして「超越的ニーズ」を挙げている。いつまでも健康で活動的な生活を営むことに固執することのみでは高齢期の幸福は得られないことに触れ，高齢者には，自分の死への適応も視野に置きつつ，自分の人生の意味の総括や死の意味などについて精神世界を充実させることによって高齢期を生きる意味付けを自分なりに獲得したいという欲求があることを説明した。

　エリクソンは個人が高齢期に遭遇する数々の危機に直面し自らの課題を解決する過程は，その解決を通じて本人の中に人生を生き抜いていく自我の強さが獲得されるだ

けでなく，その姿を見ている若い世代（次に続く世代）を同時に育てるのだと指摘した。このように，高齢者を対象とする学習支援では，今後，学習者たる高齢者自身が直面する高齢期の危機の解決を支援しつつ，若い世代も巻き込んで我が国の超高齢社会を支える新たな文化を創り出すことへの取組が重要になっていくと言えるだろう。

　これまで見てきたように，今日では成人期の発達について様々な研究が行われている。これらの成果から導かれた知見に共通することは，１）成人期は決して心理的に平坦な時期ではない，２）成人期にも発達課題や心理－社会的危機が存在する，３）成人の自我は，これらの発達上の危機やライフイベント等を乗り越えることで発達するように挑まれているというものである。

　学ぶという行為には人生のそれぞれの時期を生きる人間の発達上の特徴や，学習者のもつ多様な背景がそこに反映される。社会教育や生涯学習の場に参じる者たちは，それぞれが自身の能力，希望，そして不安を持った人間なのだということを理解し，学習の支援に当たることが重要と言えよう。

（小池　茂子）

2　成人期の教育理論

(1) 成人教育学（アンドラゴジー）における成人学習者の特性
ア　子供の教育と成人期の教育

　成人とは，一般的には身体的，精神的に十分な成熟に至った年齢，あるいは法律上，法律的行為が可能な年齢とされる。しかし，成人の概念は国により異なり，また，選挙権年齢などの社会制度の改正によってもその概念は変化する。そこで，ここでは，教育制度に準拠し，最初に仕事に就くまでの正規の学校や大学での教育，いわゆる初期教育とされる意図的・組織的に体系化された教育を修了した後を成人期の教育の対象として考えることにする。そして，このような成人の定義を踏まえ，成人を対象とした教育や学習の特徴はどのようなものかを考えてみたい。

　最初に，小学校での授業風景を思い出してみよう。私たちが思い浮かべるその風景は，黒板を背にして立つ教員が教科書や教材を用い，教室で同一年齢の子供たちからなる学級を教えているといったものではないだろうか。子供は，学校といったフォーマルな教育機関で，教員により，教科書，教材を通じて標準化された内容を一律に学ぶ。それは，社会側から言えば，白紙で生まれた生物体としての「ヒト」に対し，将来，社会の構成員となってもらうための文化伝達の手段として意図的に

組織化・体系化された「社会化」と呼ばれる働きかけである。そのため，子供の教育は，子供自身の主体的活動というよりは受動的様相を持たざるを得ない。

　一方，成人の学習は，個人のニーズに基づき，生活や職業で生じる課題の解決を求めて行われる自発的で能動的な活動である。例えば，成人の学習ニーズの例として病気への対応について考えてみよう。自分や家族が重篤な病気になった場合，私たちは，自らの思いに突き動かされて，その病気の原因，治療法，予後，患者の会などの情報を得るために，本やインターネットなどで必死に学習するであろう。

　成人は，このように置かれた状況に即した学習ニーズを有し，解決すべき課題への対処や状況改善への対応策を求めて，自らの意思によって学習を行うのである。

イ　成人教育論

　子供の教育と成人期の教育の教授方法は異なる。子供の教育における教授方法はペダゴジー（pedagogy）と呼ばれるのに対し，成人の特性に注目した教授方法はアンドラゴジー（andragogy）と呼ばれる。

　成人教育学の学問的系譜を振り返れば，最初に名前が挙げられるのは，アメリカの教育学者であるリンデマン（Lindeman, E.C.）であろう。リンデマンは,1926年にその著書『成人教育の意味』（*The Meaning of Adult Education*）を刊行し，成人教育の特徴を四つの点にまとめている。その特徴の第一の点は「教育は生活である」，第二の点は「成人教育は非職業的な性格を持つ」，第三の点は「成人教育は，状況を経由するものであって，教科を経由するものではない」，第四の点は「成人教育の資源は，学習者の経験に求められる」である。そして，リンデマンによれば，成人教育の目標は，「パーソナリティの成長」と，そこから導き出される「意味と喜びが散りばめられた生活」にあり，その目標のための成人教育における独自の学習方法として，「小集団ディスカッション法」に注目している。リンデマンの成人教育論は，教育の対象として成人に目を向け，成人教育の重要な観点を整理しており，その著書『成人教育の意味』は，当時成人教育関係者の主要なテキストとされた。

　リンデマンの後，成人教育の体系化を試みたのは，アメリカの成人教育学者であるノールズ（Knowles, M.）である。アンドラゴジーという言葉は，ドイツの教育者であったカップ（Kapp, A.）が，その著書である1833年刊行の『プラトンの教育思想』の中で，生涯にわたる学習の必要性を説き，子供に対する教授法であるペダゴジーに対し成人教育を説明する際に，アンドラゴジー（独：andragogik）を使用したのが最初とされる。しかし，実際にこの言葉が成人教育・学習の分野にお

いて広く用いられるようになったのは，成人学習者の特徴を仮定し，成人期の学習について基本的な仮説を提出したノールズによってである。ノールズによれば，アンドラゴジーは，理論というよりも成人学習者に対する仮説の束とされている。

　　それでは，具体的にノールズが提示したアンドラゴジーの仮説を見ていこう。

（ア）学習者の自己概念

　　第一の仮説は，成人学習者の自己概念に関わるものである。生まれたての子供は生きていくために人に依存しなければならないが，成人になれば，自分の決定や自分の生活に対して責任を持ち，自発的，自己決定的で，自律的に自分の生き方を見つけることを好み，自分で判断でき，自分で学習を管理することを望むようになる。このような成人期における自己概念の成熟に伴い，学習者による自律的学習をノールズは「自己主導型学習」（self-directed learning）と呼んだ。そのため，成人学習者に対しては，それぞれのニーズに沿った学習の選択肢と個別の学習目標を提示することが重要となる。しかし，同時に自己主導的に学習することができない学習者の場合，自律した学習が可能になるような学習相談などの支援も求められるであろう。

（イ）学習資源としての経験

　　第二の仮説は，学習資源としての経験に注目することである。学習者は，豊かで多様な知識や経験をもち，貴重な学習資源を自分の内部に有する。このような知識や経験は，状況に応じ問題解決，内省や推理力として用いられる。

　　学習者に対しては，これまでの知識や経験を新しい学習に応用するための支援が必要となり，知識を一方的に伝達するのではなく，学習者の経験を活用する集団討議法，シミュレーション，問題解決，事例学習などの学習方法が推奨される。また，仲間同士の相互支援的活動も有効である。

　　経験は，成人学習者のアイデンティティを形づくり，また本人の存在証明でもあるため，その経験の一部が否定されただけでも，自分の存在まで否定されたと捉えられがちである。そのため，成人学習者の経験を学習資源として取り扱うには，学習者それぞれの経験に配慮と尊重が必要となる。

（ウ）学習への準備状態

　　第三の仮説は，学習への準備状態に関わることである。成人は，実生活で生じた課題への対応のために必要なことに限って学ぶ傾向がある。成人になると人は職業人，配偶者，父親・母親，地域社会のメンバーなど多様な社会的役割を担う。人生上でこのような社会的役割が変化するとき，あるいは，心理的・身体的

発達においてある段階から次の段階へと移行するとき，学習を行う強い動機を持つことが多い。意義ある学習経験のためには，状況に応じて学習目標を特定し，適切な時期や場所を選ぶなど，明確な計画が必要とされる。

（エ）学習への方向付け

　　第四の仮説は，学習への方向付けである。子供に対しては，学校において教科中心に教育や学習が行われるのに対し，成人の学習は，生活中心，課題・問題中心であり，現実的な問題解決に焦点が当てられる。多くは，目の前の関心事である課題や問題への対処のために学習が動機付けられ，生活や仕事に即座に適用できる実践的な学習が志向される。そのため，学習を計画することへの情報提供や選択肢の提示などのガイド的な学習支援が望まれる。

（オ）動機付け

　　第五の仮説は，動機付けに関わるものである。成人は，学ぶ必要があると思ったことだけ学ぶ。また，良い職に就くことや給料が上がるといった外発的要因以上に，仕事の満足度が上がる，自尊心が高まる，生活の質が上がる，個人の成長や発達が見られるといった内発的要因によって学習の動機付けがなされる。

（カ）学ぶことへの納得（知る必要性）

　　第六番目の仮説は，成人は学ぶ理由を知った上で納得して学ぶということである。成人は，これまで述べたように，自分のニーズに沿って求める目標を達成するのに役立つものを学習する傾向があるが，学習動機を強固なものとするためには，学習の前になぜそれを学ばなければならないのかを自分で納得する必要がある。そのため，学習者が学習する必要性を自覚できるような意識化に向けた支援が求められる。

以上がノールズによるアンドラゴジーの仮説である。

　このようなアンドラゴジーの概念は，成人教育の理論的礎としてその実践に寄与するものだったが，一方，高齢化・長寿化の社会背景を受けて，青年期から高齢者まで一緒くたに成人と捉え，共通の教授方法を用いることに疑問を呈する者も現れてきた。例えば，レーベル（Lebel, J.）は，成人の範囲を高齢者とそれ以外に分け，高齢者の特性に応じた教授方法，ジェロゴジー（gerogogy）を提唱した。その考えによれば，高齢者は年をとるにつれて子供の自己概念と同様に依存的になり，経験を学習資源として活用することや学習内容に転化させることが困難になるため，総じて，アンドラゴジーよりはペダゴジーの原理に近い支援が求められるとされている（表1参照）。

表1　子供・成人・高齢者の学習支援原理の比較

	ペダゴジー	アンドラゴジー	ジェロゴジー
学習者の自己概念	依存的。年齢が上がるにつれて，依存性は減少する。	自己主導的（self-directing）。	依存性の増大。
学習者の経験の役割	あまり重視されず。教師や教科書執筆者の経験が重視される。	学習への貴重な資源となる。	学習への貴重な資源となるが，一方，活用に工夫が必要となる。
学習へのレディネス	生物的発達段階と社会的プレッシャー。	社会的役割からの発達課題。応用の即時性。	内在的報酬。エイジングへの適応。
学習の見通し	延期された応用。	応用の即時性。	応用の即時性は二次的に学習経験に内在する価値と人間関係の豊饒化が重要に。
学習への方向づけ	教材・教科中心。	問題解決中心。	興味をひく教科中心。人間的交流や社会参加など副次的要素が重要に。

（出典：堀薫夫『生涯発達と生涯学習［第2版］』ミネルヴァ書房，2018年，p. 137）

　　いずれにしても，成人の学習を支援する者は，子供，成人，そして成人のうちの高齢者といった年齢段階に応じ異なる教授方法や学習支援の原理があることを踏まえ，また，学習者の置かれた社会的文脈，パーソナリティなども加味し，接遇する学習者それぞれの特性への理解が重要ということであろう。

（2）特性を踏まえた学習支援
ア　アンドラゴジーにおける学習支援プロセス
　　それでは，具体的に学習者の特性を踏まえた学習支援のプロセスとはどのようなものか，ここではアンドラゴジーの枠組みで見てみたい。
（ア）学習につながる雰囲気の確立
　　学習環境としては，成人がリラックスし，和やかでくつろげる快適な雰囲気の創出は特に重要である。調度や備品は成人向けのサイズとし，会議室は堅苦しくなく，成人の嗜好に合うように装飾する。楽しい雰囲気づくりや円滑な相互交流のために，丸や楕円形などのテーブルの設置や飲食を加えるなどの具体的な工夫も必要である。
　　さらに学習の資料提示では，高齢者の視力・聴力の低下など身体面に配慮した

25

音響や照明の工夫も必要となる。

（イ）学習の総合計画化の仕組みの構築

　学習者自身に学習計画のプロセスに参加させることが重要となる。計画や意思決定への参加は，学習活動への積極的な関与につながる。

（ウ）学習ニーズの診断

　現在の自分とそうありたいと思う自分との間にある距離を確認することで，自己改善への明確な方向性が生じ，現在の不適合状態での自己に対する不満が学習動機となる。学習ニーズは学習者自身で自己診断するものだが，支援によって明確になる場合もある。

（エ）学習内容のプログラム目標の策定

　プログラムの目標は，学習者が自己診断したニーズに沿って設定される。

（オ）学習経験のデザイン

　学習－教授の場は，学習者と成人教育者との相互責任の場であり，学習は協働に計画され，学習者主導で進められる。学習者は人的・物的資源を利用して学習をデザインする。教育者には，学習プロセスに関する技術的熟練，学習主題への親和性，学習能力に対する理解，学習への適切なコミットメントが求められる。その役割は，教育実践技術の熟達者，情報提供者，共同探求者である。

（カ）適切な技法や学習内容を伴う学習の実施

　主に成人学習者の経験を引き出す経験的技法，たとえば集団討議法，シミュレーション，ロールプレイング，ワークショップなどの学習手法を用い，学習者の日々の生活への実用的応用を学習目標として強調する。経験の解凍，つまり自分を客観的に眺め，先入観から自分の精神を解放できるよう支援し，経験から学ぶことを促す。

（キ）学習成果の評価と学習ニーズの再診断

　学習成果の評価は，参加者へのアンケート，インタビュー，グループ・ディスカッション，事前・事後テストなどの学習の効果測定や学習者の行動変化についての自己評定，日記，インタビュー，アンケートを通じて行う。さらに，これらに基づき，今後の学習ニーズを診断し学習者に提示する。

イ　成人の特性に配慮した学習プログラム

　成人を対象にした学習プログラムには，子供とは異なる学習内容の提供や学習方法，そして配慮が必要となる。また，学習プログラムでは，学習者自らが学習プロセスに参加し，自主的な問題解決のための知識を獲得するためにワークショップな

どの対話的なコミュニケーションスタイルにより，参加者同士が学び合い，個人で問題解決の手がかりを獲得できることが重要である。読んで学んだり聞いたりして学ぶ場合よりも，自分で困難を発見しその解決を模索しながら学ぶ方が，記憶は定着し，学習効果は高いと言われている。学習者が主体的，積極的に学習に参加できる形態が成人の学習スタイルなのである。

　また，それぞれの個人がもつ経験が貴重な学習資源なのであり，学習者の経験に関連付けて学習プログラムが組まれることも必要である。学習者に自らの経験を振り返るきっかけを与え，グループでの話合いを通じ個々の経験を学習資源として共有し，新しい意味を見い出すことが学習の成果が定着する方法でもあろう。

　アンドラゴジーの前提には，人はみな成長欲求があり，自発的に学習活動を志向するという考えがある。リンデマンやノールズなどの成人教育論のいずれもが，学習による人間の成長可能性に着目している。成人教育論は，人それぞれに成長と発達の無限の可能性があるとするマズロー（Maslow, A.H.）などの人間中心主義の心理学者の理論的前提と親和性が高いのである。

　このように，アンドラゴジーの概念の登場は，子供の教育とは異なる成人期の教育というものに光を当てるものであった。そして，社会的には，それまで見過ごされてきていた成人学習者，とりわけ学習ニーズを意識化できず，また学習機会に恵まれない成人に対し，個別のニーズに応じた学習支援，経済的な面での学習活動への参加を促す措置など，学習意欲や学習機会の格差是正のための社会的介入といった面に関心を向ける契機でもあったと言えよう。

（岩崎　久美子）

Ⅲ　特別な支援を要する人々の学習

1　学習活動に困難を抱える人々の現状

　特別な支援を要する人々の学習について検討する際，まず理解を深めておきたいのは，その支援がないことによって学習機会から排除されている人々がどのような不利益を被っているのかということである。例えば，文字の読み書きを学ぶ機会から排除されてきた人は，生活の諸側面で情報にアクセスする機会を奪われやすい。日本語や日本の慣習を学ぶ機会から排除されている外国人は，日本社会に適応する機会を奪われやすい。障害を理由に学習機会から排除されてきた障害者は，社会参加や幸福追求の機会を奪われやすいといったことである。

　上に例示したように，文字の読み書きができない，日本社会に馴染めていない，障害がある等々といった，学習機会から排除される原因に言及すると，特別な支援に対して比較的分かりやすいイメージを持つことができる。特別な支援を要する人々をカテゴリーに分けて，それぞれの状況に応じた支援の在り方を模索する，という手順で検討を進めることができるからである。

　しかし，グローバリゼーションの進展に伴い国際的に問題になっているのは，もっと複雑な社会的排除の状況である。障害があってもそれだけで社会的排除が起こるわけではない。外国人だからというだけの理由で学習機会から排除されるわけではない。社会的排除には，もっと複合的な原因が背景にあるという理解が必要だとされる。例えば移民として生活する人々は，経済的に不利な立場に立たされ，言語の障壁に苦しみ，仕事を見つけることにも苦労し，必要な情報の入手も容易でなく，支えてくれる社会関係も乏しい，という複合的なリスクを背負いやすい。

　近年では，脆弱性（バルネラビリティ）という語が注目を集めている。多くの人は，困難に遭遇したときに立ち直る力（レジリエンス）があるが，社会的・経済的・身体的・精神的諸条件によって，その立ち直る力を失い強い脆弱性を抱えることがある。特別な支援とは，本来持っているレジリエンスを発揮できない状況にある人たちに対する，脆弱性を補うアクションだと言える。社会的包摂（ソーシャル・インクルージョン）の過程で，こうしたアクションは不可欠である。

　例えば，学習活動に困難を抱える人々に対する支援に際して，学習を阻む困難の多元的な理解や，学習機会から排除されることによって生じる不利益の多元的な理解が

求められる。最近では，子供の貧困に挑戦する活動として，子ども食堂や学習支援の実践が広がっている。貧困家庭の子供たちを対象として始めた実践は，貧困の多義性や貧困状態の多様性に直面する。経済的貧困はもとより，自尊感情の低下，社会経験の貧困，文化的な貧困，社会的な孤立など，複合的な貧困状態，何らかの障害が，子供の学習を阻み，子供に不利益をもたらしている。困難を抱えている学習者のありようは多様であり，支援は個別性が高くなる。

　特別な支援を必要とする学習者への支援には，個々の学習者の置かれている状況への理解を深め，困難から立ち直る力に着眼し，学ぶことと学習者の生活や人生の豊かさとのつながりを洞察するといったことが求められるのである。

2　特別な支援を要する学習者の支援の視点

　平成28（2016）年に施行された障害を理由とする差別の解消の推進に関する法律によって，合理的配慮という概念が制度的に定着した。この概念が示すのは，全ての人が参加や活動から排除されないよう，適切な便宜を図らなければならないとする考え方である。特別な支援を必要とする学習者の支援を検討する際にも，この考え方を参照することが求められる。

　教育施設へのアクセスの障壁や，教育施設内部の物理的障壁は，様々な困難を抱える人たちの学習の機会を奪っている。これらの障壁に対しては，困難を抱えている人たちの元に学習機会を届けるアウトリーチの試みや，インターネット等を用いた遠隔教育の試み，エレベーターやスロープや点字ブロックや点字板の設置などの物理的な環境整備が有効である。同時に，交通手段がなかったり，身体障害者の移動を阻害する障壁にあふれていたりといったことは，まちづくり全体の課題でもある。学習活動は社会参加の重要な一部だという観点から，様々な関係者と連携して障壁の除去に取り組む必要がある。

　また，情報保障は，学習活動に関わる合理的配慮として重要性が高い。情報保障には，点字資料，拡大コピーや拡大読書器，手話通訳，要約筆記，ノートテイク，多言語の使用などがある。これらの中には，専門性の高い支援から簡便な支援まで多様にある。様々な情報端末が普及したユビキタス社会では，スマートフォンやタブレットなどの身近な情報保障技術が進歩してきている。ルビや読みやすいフォントの使用などを含め，情報アクセスの利便性が高まる工夫の余地は大きい。

　とはいえ，先述したように，学習機会から排除されてきた人たちの抱える困難は多様であり，個別性が高い。例えば聴覚障害者というカテゴリーに入る人たちの中に

は，要約筆記では理解が難しい人もいるし，手話を使うことができない人もいる。手話を使う人の中には，日本手話[1]を通常言語として用いる人もいるし，日本語対応手話[2]を使う人もいる。それぞれの人の背景によって支援の方法も異なるのであり，したがって個々人のニーズを理解しようと努力することが支援の入り口となる。

　その一方，学習機会から排除されている人たちは，そもそもその教育施設に来ることが少ないので，学習支援者は障壁の存在に気付きにくい。学習機会をめぐる社会的包摂の実現のためには，多くの潜在的な学習支援ニーズが存在するという想像力が不可欠である。

　さらに，個別の学習支援ニーズを把握しようとしても，ニーズが明確にならないことも多い。ことさら学習機会から排除されてきた人たちの中には，学習意欲の根深い剥奪を経験している人もいる。学習場面で十分な支援を受けることができなかった経験や，邪魔者扱いをされたと感じた経験などによって，過度に自信を失ったり，社会参加に対する恐怖心が生まれたりすることもある。また，学習意欲を高める機会が貧困な環境で育ったり暮らしている人たちもいる。

　すなわち，学習機会への参加が困難な人たちに対しては，顕在的な支援ニーズだけでなく，潜在的な支援ニーズを探るところから支援が始まるのであるが，学習意欲がないところには支援ニーズも生じない。学習意欲を喚起する働きかけも重要な支援の一環であることを考慮に入れる必要がある。

3　社会教育行政の役割

　平成27（2015）年の国連サミットで採択されたSDGs（持続可能な開発目標）は，「誰一人として取り残さない」という理念を掲げている。社会教育行政もまた，この理念の実現に貢献することが求められる。

　「誰一人として取り残さない」という理念は，行政が遵守すべき平等原則の考え方について再整理を促す。全ての人に同じサービスを提供することによって「誰一人として取り残さない」社会が実現するわけではないからである。この理念を遂行するためには，人によって異なるサービスを提供することが必要なのである。

　行政サービスにおいて，人によって異なる扱いをするためには，なぜその人をそのように扱うのか，という根拠を示す必要がある。根拠を示すため，人をカテゴリーに

---

[1]　日本手話：主にろう者の間で用いられる独自の手話
[2]　日本語対応手話：日本語に手話単語を当てはめた手話

分けるという作業が行われる。行政から一般と異なるサービスを受けるときに，障害者手帳，パスポート，所得証明書などが求められることが多いのは，行政の平等原則と関係がある。

　ところが，複雑な社会的排除を課題とする現代において，支援を必要とする脆弱性を抱える人たち全員が，制度の定めるカテゴリーに分類できるわけではない。そこで行政は「切れ目のない支援」「包括支援」といった言葉を使って，支援を必要な人に対して必要かつ適切な支援を行うことのできる制度を模索してきているのだが，自ずと限界がある。人々の膨大な学習ニーズの全てに行政がコミットすることは難しい。行政にできること，できないことを区別して，できないことを他のセクターとの連携協力によってカバーするという発想が不可欠である。

　社会教育行政の役割の中核には，人々がいつでもどこでも実際生活に即した文化的教養を高めることができるようにする環境醸成の遂行がある（社会教育法第３条）。学習機会の提供の際に合理的配慮として行われる物理的環境整備は，この環境醸成の重要な構成要素である。しかし，さらに課題とすべきなのは，社会教育行政が，一部の人たちの学習ニーズを無視することによって事業を展開している可能性である。全ての人に対して開かれていることを前提として開催される講座でさえ，実は脆弱性を抱えている人たちの排除によって成り立っているということに気付くことが，特別な支援を必要とする人たちの学習を支え促す環境醸成のために必要な発想なのである。

　以上の観点から考えると，特別な支援を必要とする人々に対する社会教育行政の役割は，次のように整理できる。

　第一に，公共的な学習機会を提供する施設のバリアフリー化，ユニバーサルデザイン化を図ることであり，またそれらの施設が可能な限り多様な人たちに対する情報保障のシステム構築を実現することである。これらは，合理的配慮のうち義務的に求められる環境整備に当たる。

　第二に，実際に学習者として接触のある人の特別なニーズを把握し，その人ができる限り不利益なく学習を遂行できるように便宜を図ることである。一般的に，特別なニーズに対する便宜は，学習者からの申し出によって検討される。しかし，申し出を遠慮する学習者や申し出ができない学習者も多く存在することを忘れてはならない。いずれにしても，接触のある学習者とは，対話的に学習を阻害する要因の除去に努める必要がある。

　第三に，様々な障壁のために学習機会から排除されている潜在的な学習者について想起し対策を講じることである。潜在的な学習者に学習機会を提供しようとすると，

新たな学習プログラムの開発が必要になることもある。特に社会的な排除を受けている当事者には，その当事者性に即した学習機会の提供が求められる。

　さらに，社会教育行政がこうした取組を遂行するためには，他の行政セクションや地域組織，NPO，企業等との意思疎通を普段から意識しておきたい。他機関との連携は，どのような潜在的なニーズがあるのか，効果的な社会教育行政の役割は何か，効果的に事業を推進するシステムはどうあるべきかといったことを知る材料を得るとともに，学習者の困難の解決に向けて協働的に取り組むことを可能にする。

（津田　英二）

第2章
効果的な学習支援方法

I　学習者理解と学習相談

1　学習相談の意義

(1) 学習相談とは

　学習相談とは,「学習者や学習希望者の学習上の悩みや問題の解決を図る助言・援助活動」とされる。学習相談では,学習者の特性やニーズに応じて,学習する場や機会,教材,学習方法などの具体的な情報提供のほか,学習を継続する動機付け,学習上の悩みや問題に対する相談などの学習者の心理的支援も行う。

　アメリカでは,このような学習相談を担当する者は,教育診断家,教育計画のコンサルタントといった役割を担っている。一方,日本では,学習者の学習ニーズの判断,具体的な情報提供や学習計画の相談に加え,学習への動機付け,学習上の悩みなどへのアドバイスを行うカウンセラー的役割も期待される場合も多い。

(2) 学習者の特性に応じた支援

　成人学習者の学習ニーズは,学習者の置かれた状況やこれまでの学習歴などによって多種多様である。そのため,学習相談を行う者は,学習者を理解するため,学習者の特性を診断し,学習者の状況に応じた学習目標に沿った「処方箋」を書く。つまり,学習者それぞれの要望や状況に応じた個別の学習計画を策定し,その内容に応じ様々な支援を行うことになる。

(3) 学習プロセスに応じた相談

　成人の学習活動は,図Iのような何らかの段階を踏むプロセスである。学習相談を行う者は,まず,学習者の自己決定的な探究における技能の拡張と深化のために,学習者の当初の技能レベルの測定を行う。次に,そのレベルに沿った学習者の学習ニーズの診断と学習目標の設定に向けての変換,その目標達成のための人的・物的資源の明確化,学習方法・計画やデザインへの相談・支援を行う。そして,学習者が学習計画を実施した後,目標達成に対する評価を共に行う。

(4) 学習成果の還元

　学習相談は,学習者との対話を通じて行われる。この対話を通じて,学習者は,そ

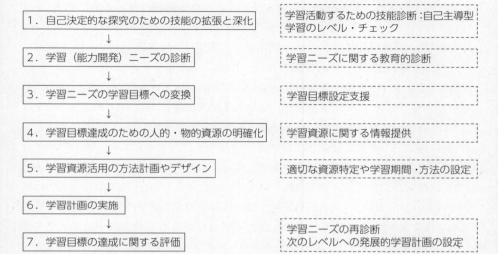

（学習相談の手法）

1．自己決定的な探究のための技能の拡張と深化	学習活動するための技能診断：自己主導型学習のレベル・チェック
↓	
2．学習（能力開発）ニーズの診断	学習ニーズに関する教育的診断
↓	
3．学習ニーズの学習目標への変換	学習目標設定支援
↓	
4．学習目標達成のための人的・物的資源の明確化	学習資源に関する情報提供
↓	
5．学習資源活用の方法計画やデザイン	適切な資源特定や学習期間・方法の設定
↓	
6．学習計画の実施	
↓	
7．学習目標の達成に関する評価	学習ニーズの再診断 次のレベルへの発展的学習計画の設定

図1　学習プロセスと学習相談

（出典：マルカム・ノールズ（堀薫夫・三輪建二監訳）『成人学習者とは何か－見過ごされてきた人たち－』鳳書房，2013年，pp. 209-212を摘記・要約し改編）

れまで気付かなかった自分の学習ニーズを意識化する。また，情報提供を受けて，適切な学習活動の選択を行い，質の高い学習活動を目指す。成人にあっては，学習の大きな動機は，生活や職業上の課題の解決であることが多いが，同時にそのような学習の成果が個人に留まらず，地域や社会に還元され活用されるよう，その成果の活用に向けた相談にのることも学習相談の一環であろう。

2　学習相談の機能

　それでは，具体的に学習相談にはどのような機能があるのだろうか。浅井（2015）は，学習者と教育・学習資源を結び付ける機能，学習者の学習上の問題を解決する機能，学習者が目標を達成するのを支援する機能，学習者の「学習の仕方」の学習を支援する機能，の四つを挙げる。ここでは、この枠組みを基にその内容を見ていこう。

（1）教育・学習資源を結びつける機能

　学習相談の最も重要な機能は，学習者と教育・学習資源を結びつけるマッチング機

能である。学習相談を行う者は，教育・学習資源の情報を収集・整理しておくことが重要となる。参考までに，教育・学習資源と考えられるものの例を簡単に挙げてみよう。例えば，地域の教育・学習資源としては次のようなものが挙げられる。

（ア）機関：行政機関，学校などの教育機関，図書館・公民館などの社会教育施設，福祉施設，文化施設，NPO

（イ）ボランタリー組織：社会福祉協議会，文化団体，まちづくり団体，国際交流・支援団体，社会教育関係団体

（ウ）経済的団体：民間企業，地場産業，商店街

（エ）イベント：式典，展示会，お祭り

（オ）環境資源：寺社仏閣，公園，森林，田畑

（カ）人的資源：専門家，近隣住民

（キ）地域の内的資源：地域伝統芸能，地域住民が有する過去や現在の経験

　このような地域の資源を洗い出し，教育・学習資源として特定しデータとして収集，カテゴリー別に整理し，学習相談のために活用する。学習者の希望に沿った学習資源を適切にマッチングさせるためには，多種多様な情報を入手する必要がある。

(2) 学習者の学習上の問題を解決する機能

　学習相談には，学習者の学習上の問題を解決する機能もある。成人の学習者にとっては，学習で得られる実利や対価が明確でない場合，学習意欲は喚起されず，また，学習が継続されず中断されることも多い。学習の着手・継続を支援するためには，学習者の置かれた環境や学習の阻害要因を検討することが重要である。

　例えば，学習上の阻害要因の例を挙げれば，自分では統制できない「外的要因」と自分に帰する「内的要因」がある（表1参照）。このうち外的要因としては，第一に，学習しようとしても通学可能な時間帯に開講される講座を提供する教育機関がない，一部だけを受講したくても授業料を全額支払う必要がある，開講場所が限られる，託児配慮のなさなど，学習者を排除，もしくは遠ざけてしまう様々な学習制度や機関による「制度的要因」がある。第二に，学習の経費負担や，学習のための時間の捻出，学習をサポートせず妨げようとする家族との関係や事情，学習を継続できない健康状態，働いている職場での学習への無理解などの「状況的要因」がある。第三に教育機会に対する認識の欠如や情報のなさなどの「情報的要因」もある。しかし，これらの外的要因は，公的な制度整備などで改善可能な領域である。

表1　成人学習の阻害要因

		種　類	内　容	例
外的要因	制度的要因	成人を対象としない制度	若年者などの限定された制度，教育システムの受容度
	状況的要因	外的な影響であり個人では解決できない要因	経費，時間，家族との関係，健康
	情報的要因	教育機会に対する認識の欠如	教育機会の認識，情報量
内的要因	心理的要因	個人の気持ちや心理による要因	自信の欠如，年齢による抵抗感，価値観，認識

(出典：メリアム，シャラン／カファレラ，ローズマリー（立田慶裕，三輪建二監訳）『成人期の学習－理論と実践－』鳳書房，2005年，pp. 67-72 におけるレビューを摘記・要約)

　一方，個人に帰する内的要因としては，自信の欠如，特定の学習課題を継続して行うことができない自己効力感の低さ，これまでの学校教育での否定的な経験，教育に価値を置かない社会的集団への帰属，自分より年齢の若い者と一緒に学習することへの心理的抵抗感，学校に行くことが億劫などの「心理的要因」が挙がる。心理的要因にあっては，心理カウンセリングに類した相談支援が必要な場合もある。

　いずれにしても学習相談を行う者にとって，学習者の学習上の阻害要因としてどのようなものがあるのかを特定することが重要ということなのだ。

(3) 学習者が目標を達成するのを支援する機能

　学習相談には，学習者が目標を達成するのを支援する機能もある。例えば，アメリカでは，学習者の継続的学習を支援するため，学習者と学習相談者との間に「学習契約」（learning contracts）を結ぶという方法を用いることがある。学習者は，学習相談において，ニーズの診断，目標の設定，学習資源の明確化，方法の選択，そしてこれまでに達成された学習目標への評価を決定し明記，学習を契約に沿って実施することになる。このような方法は，特に仕事や職業上で達成が期待される学習目標がある場合，有効とされている。

(4) 学習者が「学習の仕方」を学ぶことを支援する機能

　学習相談には，学習者の「学習の仕方」を学ぶことを支援する機能もある。成人の学習は自発的に行われるため，「学習の仕方」を知っている人は，自分でさらなる学習を行い，一方，「学習の仕方」を知らない人は，ますます学習の機会を失っていく。

このような学習機会の格差を埋めることも学習を支援する者には求められる。

　例えば，グロウ（Grow, G.）というアメリカの研究者は，表2のとおり成人学習者を四段階の状況に類型化している。これによれば，第一段階の学習者は依存的な者である。そこでは，権威者，専門家，コーチといった指導者が必要となる。この場合の学習方法の例では，随時フィードバックするコーチング，ドリル，講義が適切となり，子供の学習支援と類似するものとなる。第二段階の学習者は，学習に関心を持っている者であり，学習支援者の役割は，動機付けやガイドといったものである。この段階での学習方法としては，学習関心を高める講義や指導的議論，目標設定と学習戦略を立てることが重要となる。第三段階の学習者は学習に自ら関われる者である。学習支援者は，ファシリテーターの役割となり，学習方法としてはセミナー，グループによるプロジェクトなどが適切となる。第四段階は，自己決定ができ自律的に学習が可能な者である。このような学習者に対しては，学習支援者はコンサルタントの役割を担う。学習者は，インターンシップ，学術論文，個人学習，自ら作った学習グループで自ら学習を行う。

　このようなグロウの成人学習者の類型化の例からも，学習者の段階に応じた適切な学習方法の提示が必要であることが分かる。

表2　学習者の準備段階

段階	学習者	指導者	例
第一段階	依存	権威者・コーチ	①随時フィードバックによるコーチング ②ドリル，情報提供的講義 ③欠点や抵抗の克服
第二段階	関心	動機付け者・ガイド	①鼓舞する講義に加え指導的な議論 ②目標設定と学習戦略
第三段階	関与的	ファシリテーター	①対等の立場に立つ教員によって促される議論 ②セミナー ③グループによるプロジェクト
第四段階	自己決定	コンサルタント・委託者	①インターンシップ ②学術論文 ③個人学習 ④自己決定的学習グループ

（出典：Gerald O. Grow, "Teaching Learners to be Self-directed", *Adult Education Quarterly*, Volume 41, Number 3, Spring, 1991, pp. 125-149.）

3　学習相談員に求められる資質・能力

　それでは，このような学習相談を行う者にはどのような資質・能力が求められるのであろうか。考えられる点をいくつか挙げてみよう。

(1) 学習技法についての理解

　子供の教育とは異なる成人期の教育に対する専門知識や，情報検索の仕方，レポートや論文の書き方，メディアの使い方，討論等の仕方など，学習を行う上での基礎的技能や知識の保有が前提となる。その上で，成人が学習する意義を深く理解し，その学習が個人の問題のみならず，社会的な課題の解決にも有効であることを，わかりやすく発信する力も求められる。

(2) 情報収集と調整

　常に学習現場や学習者の置かれた環境に関心を寄せ，そこでの情報にアンテナを張ることが重要となる。特に地域課題の学習では，住民の立場で学習内容を企画，調整，実施することが必要となるため，現場でのニーズ把握など，地域に根差した情報収集力が必要となる。地域の教育・学習資源の情報をたくさん持っていれば，それだけ相談に対応する際の引き出しが多くなる。このような基礎的な情報収集のためには，行政，教育・学習機関・施設や文化拠点，地域の担い手などと協働することや，物的・人的資源をネットワーク化していく力も必要であろうし，そこらからもたらされた情報を的確に収集・分析し，相談のための時間や経費を適切に配分するなどのマネジメント力も必要不可欠となる。

　そして，学習相談を行う者にあっては，学習者の必要な情報，人的・物的資源をマッチングさせるコーディネート力はとりわけ重要であり，学習相談の要とも言われている。

(3) カウンセリングマインド

　学習相談を行う者は地域の様々な人を対象にすることから，どのような人にも対応できる受容力と柔軟な対応を含むコミュニケーション力が必要とされる。学習者が必要とする学習内容やニーズを把握するため，あるいは潜在的に必要としているニーズを引き出し，学習者が主体的に問題解決を図れるような適切な助言や情報提供のためには，相談者が気軽に相談できる雰囲気，受け答えなど，カウンセリング技能に類し

た共感力も求められる。つまり，相談者に対して誠実に向き合い，相談者が信頼を
もって相談ができ，話したことが十分理解され受け止められると感じられる関係，い
わゆるラポールと呼ばれる関係性を築くことが最初の一歩となる。

　続く学習者理解のための働きかけとしては，学習者の主体性を尊重しながら，その
言葉を傾聴し，真に求められている支援を提供するための心配りをすることが求めら
れる。ブラマー（Brammer, L.）ら（2011）は，このような他者理解のための援助
スキルを，聴くスキル（寄り添うこと，言い換えること，明確にすること，現実検
討），導くスキル（間接的な導き，直接的な導き，焦点化，質問），反映するスキル
（感情の反映，経験の反映，内容の範囲），挑戦するスキル（自己の感情を認識する，
感情を説明し共有する，意見をフィードバックする，自己への挑戦），解釈するスキ
ル（解釈的な質問，空想および暗喩），情報を提供するスキル（助言，情報提供），要
約するスキル（テーマをまとめること）の七つに分類している。また，東山（2000）
はプロのカウンセラーの技術として，聞き上手は寡黙（自分のことは話さない），真
剣に聞けるのは1時間以内，聞かれたことしか話さない，情報以外の助言は無効，話
には小道具がいる，沈黙と間の多用などの技術を用いる，を挙げる。これらは，いず
れも心理カウンセリングのスキルではあるが，学習相談に援用でき参考になる。

　このように，学習相談を行う者は，対話を通じ学習者の特性を理解し，学習計画の
設計を助け，学習環境を整え，学習者の学習状況を診断する。その職務は，成人の学
習を支援する専門家であり，人生設計に寄り添う学習コンサルタントといったものと
言えよう。

（岩崎　久美子）

Ⅱ　学習支援の方法・形態

1　学習支援の方法・形態とメディア

(1) 教育メディアの特性

「メディア」は，多義的で複合的な概念である。ひとくちに「メディア」といっても，テレビやコンピュータなどの機器や装置を指すこともあれば，CDやUSBメモリなどの記録媒体，材料を指すこともある。

そもそも「メディア」とは，mediumの複数形であり，「媒体，媒介をするもの」を意味する。すなわち，あるところからあるところへメッセージ，情報を仲介するものを指す。よって，「教育メディア」という場合，社会教育主事等の教授者（教材作成者）と学習者（教材利用者），または学習者同士の仲立ちをするもの全てを「メディア」ということができる。この意味において，コンピュータやテキストやホワイトボードはもちろんのこと，教授者の肉声も「メディア」と呼ぶことができる。教授者の声もメディアだなどというと非人間的な感じがするかも知れない。しかし考えてみれば，指示や説明を教授者が行うこともあれば，同じメッセージをプリントにして配ることもあるし，動画を用いることもある。すなわち，教授者の声も「選択可能なメディア」の一つにすぎないのである。

このような考え方は，教授者を教育活動の設計者と考える立場からきている。教授者は，教育活動の責任を負うとともに，どのように活動を実施するのかを決定し，活動の準備をする役割を担う。その過程で，どのようなメディアをどのように使うかを決めるのは，教育活動の設計者としての教授者自身に他ならない。

(2) 教育メディアの概念

メディアは，「装置」，「メッセージ」，「材料」，「環境」などから成る。私たちが「映像メディア」，「マルチメディア」などというときには，メディアで提示する「メッセージ」に焦点をあてている。「材料」とはメッセージの保存場所であり，CDやUSBメモリなどをさす。「環境」とは，複数の装置が組み合わさって一つのメディアとして機能するものを指し，例えばCALLシステムやホームシアター，博物館などがこれに当たる。すなわち，メディアは構成や役割に応じて名称が異なるのであり，例えば，コンピュータという装置は，メッセージという視点からみれば「マルチメディ

ア」であり，材料という視点からみればハードディスクなどを有しており，環境という視点からみればインターネットが利用できるメディアだと言える。

　このようなメディアを構成する概念のうち，教育・学習成果に直接関わるのは，メッセージだけである。例えばクマムシの静止画像を提示する場合，装置としてテレビを使おうが，コンピュータを使おうが，画像の大きさや画質などの他の条件が等しい限り，学習成果に違いが生まれるとは考え難い。もちろん，その画像をCDに保存しようが，USBメモリに保存しようが，つまり材料を変えたとしても，効果に差はなかろう。そのため，教育活動におけるメディアの選択を考える場合にはまず，どのようなメッセージを提示するのが最も効果的であるのかを考えることが必要である。

◆ワンポイント：メッセージと装置の関係

　メッセージと装置の関係は，野菜とトラックの関係にたとえられることがある。野菜が傷まずに，必要数，定められた時間に届きさえすれば，どのようなトラックによって運ばれるかはあまり重要な問題ではない。
　あとは，燃費や運転のしやすさなどから好きなトラックを選べばよい。
　それを，必要以上の野菜をトラックに積むと供給過多で野菜を廃棄することになったり，野菜がぶつかり合って傷んだりしてしまうだろうし，トラックに野菜をほとんど載せずに走ると非効率である。

---

(3) 教育メディアの役割

　教授者を教育活動の設計者と考える立場では，教育メディアとは「メッセージを提示することにより，教育状況（instructional events）を具体化するものすべて」であるとするブリッグス（1970）の規定が広く用いられている。

　教授者が学習者に何かしらのメッセージを伝える際，心や頭の中にあるメッセージをそのまま伝えることはできない。そこでまず，最も効果的にメッセージが伝わる形を考え，例えば話し言葉や文字や静止画像などの記号に変換する。その記号化されたメッセージも，相手に伝えるには何かに載せる必要がある。例えば，文字であれば，紙やホワイトボードに書いたり，eメールに打ち込んだりすることで，初めて相手に伝わるようになる。このように，教授者が学習者に何らかの情報や考えや思いを伝える際，必ずメディアが使われるのである。その意味で，教授者はメディアを使うことではじめて，伝えたい情報や考え，思いを具体化できるのだと言える。

2　メディアの選択と学習支援

(1) メディアの選択基準

　メディアはそれぞれに提示できるメッセージの種類や特性が異なる。例えば，ホワイトボードやスライドは文字や静止画像を提示することができるが，音声や映像を提示することはできない。CDプレイヤーは音を出すが，映像を提示できない。コンピュータや講義は双方向性という特性をもつが，テレビやビデオなどでは，教授者と学習者はコミュニケーションを図ることはできない。発表用メディアは一斉講義に適しており，マルチメディアやプログラム学習は個別学習に適す。こうしたことから，学習者の特性や学習の目的に応じて適切なメディアを選び，使い分ける必要がある。

　現在では，教育活動で利用できるメディアが多様化しているため，適切なメディアを選択することが難しくなっているが，教育メディアを選択する際の手懸かりとして，ガニエら（1989）は，主に以下の点を考慮すべきであるとしている。

　　・活動に適切な学習者の数は何人程度か？
　　・どの程度の範囲，広さで利用可能か？
　　・望ましい学習刺激は動画，静止画，音声，文字のいずれであるか？
　　・活動の系統性は高いか，低いか？
　　・どのメディアがより望ましい学習状況をつくるか？
　　・必要とされる機材は入手可能で使い勝手がよく，保存・再生可能か？
　　・機材の故障や電力不足などに対する備えがあるか？
　　・メディアを使うに当たって，教授者・利用者に対する研修が必要か？
　　・予備，交換用の部品や消耗品に対する予算は確保可能であるか？
　　・高い費用対効果を期待できるか？
　　・メディアを使った活動の流れは，無理のないものであるか？

　こうして見てみると，メディアの選択は，単にテレビを使うか，コンピュータを使うかといった装置の選択の問題ではないことが分かる。種々の条件から，教育活動を具体化するのに最適なメディアを選択することになる。

　中でも，特に意識しなければならないのは，学習者の性質と学習の目標・目的である。

第2章 効果的な学習支援方法

（2）学習者の特性に応じたメディアや学習方法の選択

学校教育では，知識・理解や技能が興味・関心・意欲を下支えする。「分かった」，「できた」と実感することで，「より知りたい」，「よりできるようになりたい」という気持ちになる。全く「分からない」，「できない」のに「好きだ」ということはあまりない。

一方，社会教育・生涯学習では，興味・関心が知識・理解や技能を下支えする。学校教育のようにあらかじめ定められた，学ぶべき内容も，方法も，順序も，空間も，期間もないため，興味・関心がなければ学習は始まらない。その意味で，学習者の心理学的特性に応じたメディアや学習方法を用いるのは，社会教育においては特に重要である。ここでは，そうした学習者の特性のうち，興味，不安，そして学習スタイルを取り上げる。

ア 興味

学習，活動に対する興味はその活動を継続する意欲に影響する。ある活動を行っていて楽しいと感じたり，楽しそうだと感じたりすれば，その活動を継続して行おうという意欲は高まる。学習意欲の起点として，興味は重要である。

ヒディとレニンジャー（2006）は，こうした興味の源として，学習環境や活動自体が楽しいと感じる「ポジティブな感情」，そして，学習活動が意義あるものだと感じる「価値の認知」を挙げた。田中（2015）は，この枠組みを拡張し，驚きや達成感などのポジティブな感情だけが生起する興味を「浅い興味」，学ぶ価値の認知を伴う興味を「深い興味」と位置付けた。田中によれば，浅い興味は環境によって変化しやすいため，喚起しやすいが消失もしやすいという。一方で，深い興味は持続しやすいものの，初めから喚起できるものではなく，一般的には，「やってみたら楽しかった」，「意外だ」，「やってみたらできた」などの浅い興味から出発するものであるという。そこで，社会教育・生涯学習においては，まずは体験活動や参加型学習を行ったり，映像を使用したりすることで学習者の感情をゆさぶり，次いで学びが自分たちの生活や社会とどのように関わっていくのかを意識させることが望まれる。

イ 不安

不安とは，「特定の状況に対して抱く心配または緊張」である。社会教育・生涯学習において，特に学習に影響が大きいことが指摘されているのは，1）コンピュータ等の新たな技術に対する不安，2）学習不安，そして3）コミュニケーション不安である。

　新たな技術を用いる不安とは，新しい技術の適切な活用，専門用語の理解，トラブルへの対処などに対する不安である。こうした不安は，教授者や学習支援者による技術支援によって，軽減されることが示唆されている。学習不安とは，課題の遂行・達成，期待した成果の享受，必要な情報の収集などに対する不安である。こうした不安は，教授者や学習支援者による学習マネジメントによって軽減される。コミュニケーション不安とは，グループへの参加，初対面の人との交流，他者との協働・協調に対する不安である。こうした不安は，教授者や学習支援者による励ましや肯定的なフィードバックによって軽減される。

ウ　学習スタイル

　学習スタイルとは，「学習者が新しい情報に対してどのように学んだり，対処したりするのを好むかに関連した，生まれながらにその人が持っている特性（Willing, 1988）」と定義される。学習スタイルには，物事をどのように捉えるのかという認知様式や，学習環境の好み，学習方法の好みなどが含まれる。よく知られているのが，周囲に他者がいて交流することを好む「外向型」と周囲に他者がおらず静かな学びを好む「内向型」という学習環境の好みの違いである。一般的に，外向型の学習者は他者とのインタラクションがある学習環境で学びが促進され，内向型の学習者は映像視聴や個人学習のようなインタラクションがない環境で学びが促進される。学習方法の好みとして，ある学習者は，写真や映像，人の身振りや表情など，目に見えるものから学習する「視覚型スタイル」に立つ。それに対して，ある者は，音声から理解する「聴覚型スタイル」に，ある者は，周囲の物に手を触れたり，調べたりすることによって学ぶ「運動感覚型スタイル」に立つ。このように，学習者が好む学習環境や学習方法，物事の捉え方は様々である。そのため，グループ学習においては様々な学習方法を取り入れることが重要であるし，個人学習においては学習者の特性に応じた支援方法をとることが求められる。

　気を付けなければならないのは，教授者には，外向型，聴覚型，感情型で，曖昧さに寛容なスタイルの人物が多い点である。こうした教授者が自分たちの経験を基に，特定のやり方に固執すると，学習者のスタイルとの間に葛藤が生じることがある。

(3) 学習の目的・目標に対応したメディアや学習方法の選択

　表1は，アレンが昭和49（1974）年に発表した学習目標別のメディアの効果を示したものを現代のメディア状況に合わせて一部を改定したものである。これを見る

表1　学習目標によるメディアの効果（Allen, 1974を基に作成）

学習目標／メディア	事実情報の学習	視覚的情報の学習	原理・法則の学習	手続きの学習	過程の学習	意見・態度の育成
静止画		＋			−	
動画＋音声		＋	＋	＋		
動画像			＋			
実物・模型	−	＋	−	−	−	
音声教材			−	−		−
ドリル教材				＋	−	
演示	−			＋		
印刷資料		−			−	
口頭教示		−			−	
グループ学習		−			＋	＋
参加型学習	−	＋	＋	＋		

＋：効果が高い　　−：効果が低い　　空欄：効果が中程度

と，メディアの選択は学習目標ごとに大きく異なるのが分かる。

　例えば，視覚的情報（例：東京タワーは赤い）の学習には映像が必要であるし，原理・法則・ルールや手続き・手順を学ぶ際には動きや変化を表現するメディアが望ましいことが分かる。事実情報（例：東京タワーの高さは333mである）や意見・態度の学習には必ずしも有効打はなさそうだが，文字や話し言葉などの言語メッセージが重要だということが予想される。このように，メディアの選択に当たっては，学習の狙いを明確にした上で，適切なメッセージを提示できるメディアを選ぶことが求められる。

3　学習場面に応じた学習方法

　個人学習，一斉学習，グループ学習，それぞれの学習場面における，社会教育・生涯学習で用いられる学習方法は多い。ここでは，そうした学習方法のうち，近年社会的要請が高まっているアクティブ・ラーニング，協働的ワークショップ，交流学習と協同学習，反転学習，サービスラーニングを取り上げる。

(1) アクティブ・ラーニング

　アクティブ・ラーニングの範囲は広く，アクティブ・ラーニングを規定するのは難しいが，この概念を紹介したボンウェルとエイソン（1991）は，アクティブ・ラー

ニングを「学習者が行っている活動について考えさせたり，行動させたりすることによって，学習者を学習に巻き込む活動」と定義している。

　アクティブ・ラーニングの構成要素は三つである。一つ目は能動性である。学習者は単に何かを見たり聞いたりするのではなく，自ら学習に参加することが求められる。二つ目は，学習過程への関与である。学習者は，学習の目的や方法，評価などを自分たちで決めたり，学習を振り返ったりするなど，自らの学習プロセスに関わり，責任を持つことが求められる。最後が高次思考力の活用である。学習者は，単に何かを覚えたり，理解したり，ルールを当てはめたりするのではなく，分析や創造，統合，評価などの複雑な思考を用いることが要求される。

(2) 協働的ワークショップ

　協働的なワークショップでは，参加者同士の発言の機会を平等にし，客観的な議論を心がけ，感情的な対立を避けることで集団の合意を形成したり，集団の行動を決定したりすることを目指す。協働により，建設的に合意を形成する手立ては二つある。

　一つは，具体的には，グラフィック・オーガナイザーまたは思考・ツールと呼ばれる，思考を図示した図を用い（例：比較のためにベン図を用いる），議論の可視化を図りながら，議論を行う方法である。社会教育では，テーマに関する強み（Strengths），弱み（Weaknesses），機会（Opportunities），脅威（Threats）を議論するSWOT分析や，地域の特性と資源を資産（Asset）として，地図の形で可視化するアセット・マッピングなどがよく用いられる。

　もう一つは，参加者を特定の立場に立たせて議論させることで，主観や感情からなるべく離れて客観的に議論を行わせる，ロールプレイという手法を用いて議論を行う方法である。社会教育では，テーマに関して客観的，感情的，否定的，肯定的，創造的，管理的な立場に立って議論する6色ハット法や，コウモリやシマウマ等の特定の動物になったと仮定して思考するアニマル・シンキング[1]などがよく用いられる。

(3) 交流学習と協同学習

　交流学習（Online Cooperative Learning）とは，テレビ会議やSNSなどを介して，協同学習（Cooperative Learning）をオンラインで行う学習を指す。そのため，

---

[1] アニマル・シンキング（r）はジョイ・アンド・バリュー株式会社とG-ソリューション株式会社の登録商標である。

交流学習は，遠隔交流学習と呼ばれることもある。協同学習とは，「学びを最大にすることを目的として，グループで学ぶ方法（Johnson, Johnson & Houlbec, 1993)」と定義される，アクティブ・ラーニングの一つの形態である。

　ジョンソンとジョンソン（1999）は協同学習の要件として，1）個人の責任，2）互恵的関係，3）促進的な相互交渉，4）グループによる改善を挙げている。個人の責任とは，グループの学習やその成功のために個々人が寄与することが求められることをいう。そのため，協同学習ではグループの各員に役割を持たせたり，無作為にリーダーを決めたりする。互恵的関係とは，グループの各員に利益をもたらすことが全員の利益になるという意識が共有されていることをいう。互恵的関係を生むには，グループ各員が異なる役割を担ったり，協力し合うことが不可欠な課題に取り組んだりすることが必要である。促進的な相互交渉とは，グループの成員が互いに助け合ったり，励まし合ったりすることで，成功を促進し合う前向きなコミュニケーションをいう。促進的な相互交渉には，各人がグループの前で発表をしたり発言したりするなど，何らかの「目に見える」活動をすることが重要である。グループによる改善とは，学習終了時にグループで学習を振り返り，課題を洗い出した上で改善を図るプロセスをいう。

(4) 反転学習

　反転学習（Flipped Learning）とは，基礎的な知識・技術を動画視聴による個人でのオンライン学習で身に付け，知識・技術を活用した応用的な協働的な学習を集合・対面で行う学習方法である。対面で講義を受け，家庭で課題に取り組んでいた，従来の学習の場を引っくり返す学習方法であるという意味から，「反転」学習と名付けられている。

　現在，時間的な制約や地理的な制約などから，全ての学習・研修を対面で行うことが難しくなっている。こうした場合，反転学習は有効な手立ての一つである。反転学習を導入することで，基礎的な知識・技術の習得を家庭で図ることができ，対面学習を協働や共創，課題解決のための場とすることができる。また，結果として教育における最も重要な学習資源の一つである「学習時間」の増加につなげられる（Tucker, 2012)。知識・技術の習得よりも，その活用の方が高次の知的作業であるため，対面での協働学習においてこそ教授者や学習支援者を配置するのは理にかなっている。また，知識・技術の習得を図る学習についても，対面の講義では理解できなかった内容を教授者にその都度，再び説明をしてもらうわけにもいかないが，オンラインでの

個別学習であれば理解できなかった箇所を何度でも視聴することができる点から有効である。

　ただし，反転学習を行う際には注意しなければならない点がいくつかある。一つは，個人学習教材は，それを視聴するだけで知識や技術が定着するものとすることである。そのため，教授者は概念や原理を説明するだけでなく，理解を促すべく，言いかえを多用したり，事例を豊富に用いたり，他の概念との違いを説明したりすることが望ましい。もう一つは，反転学習はあくまで対面学習の充実を図るために行うという意識を持つことである。個別学習教材を開発する際には，単に基礎的な内容の教材とするのではなく，教材内容が対面学習の内容に直結しているかどうかを吟味する必要がある。

(5) サービスラーニング

　サービスラーニングは，一般的には教室で身に付けた知識・技能をボランティア活動など，地域社会の課題解決のための社会活動に生かすことよる教育方法として知られており，近年，多くの教育機関で導入が進められている。川田（2014）は，サービスラーニングの要件を，１）サービスを行うことで，社会に対する影響を与えること，そして，２）単なる体験ではなく，教育的取組として構成されていることとしている。サービスラーニングは，様々な形での地域貢献を通じた人間の成長と学びを目指す学習方法であり，カリキュラムとして構造化された学習方法である点でボランティア活動とは区別される。

　地域でサービスラーニングを行う際，社会教育主事は，社会教育の専門職として地域と大学や学校をつなぐ役割を果たす。具体的には，社会教育主事は，地域におけるサービスラーニングの受入先を開拓したり調整したり，大学や学校と協働してより効果的なサービスラーニングプログラムを検討するなど，地域の課題（ニーズ）と教育機関の資源（シーズ）のマッチングを行うことが求められている。

4　学習形態に応じた支援方法

　集団での協働的な学びを成功に導くには，社会教育主事の学習支援者としての役割が重要である。協働的な学びにおいて，学習支援者は，１）学びのゴールや流れを示すなどの「学習プロセスの設計」，２）感情的な対立を回避し，各人が平等に参加できるような「場の調整」，３）論点を明確化したり，切り返し発問を行うことで認識を確認させたりする「場の触発」を担う。そうした役割を果たすことで，学習者が合

意を形成したり，行動を決定したりすることを支援する。以下に，協働的な学びにおいて起こる頻度が高い問題を取り上げ，そうした問題に学習支援者がいかに対応し得るかを概説する。

(1) リンゲルマン効果への対応

　リンゲルマン効果とは，集団の人数が増えるごとに一人当たりの作業遂行量が低下する現象をいう。「社会的手抜き」，「無賃乗車」とも呼ばれる現象である。リンゲルマン効果を防ぐには，まずは活動を行うグループの単位をある程度抑えることが重要である。一般的には，1グループ3〜4名の構成が望ましく，6名を超える構成は望ましくないとされる。その他，例えば個々の成員に役割を与えたり，話合いに際して特定の立場に立って発言したりする（例：Aさんはメリットや前向きな意見を述べる，Bさんは懸念やリスクなど否定的な意見を述べる）ロールプレイを取り入れたりすることなどが考えられる。

(2) 集団極性化への対応

　集団極性化とは，集団で話し合うことによって，意見が同じ方向に強められた形で向かうことをいう（Stoner, 1968）。集団極性化には，極端に大胆な方向に意見が向かう「リスキー・シフト」と極端に慎重な方向に向かう「コーシャス・シフト」がある。集団極性化を防ぐには，できる限りグループ内の成員の特性を異質なものにするようグループを構成したり，グループで意見を客観視できるよう論点を書き出したり，出てきた意見を何らかの基準（例：実現可能／実現不能）で分類させたりすることなどが考えられる。

(3) 沈黙の螺旋への対応

　グループにおいて，自分の意見が多数派だと感じている者は公に意見を表明して支持を得る傾向にあり，少数派だと感じている者は沈黙しがちである。また，そうして多数派が意見を表明することで，多数派が顕在化し，少数派だと感じている者はますます沈黙しがちである。そうした議論の構造をノエル・ノイマン（1984）は「沈黙の螺旋」と名付けた。沈黙の螺旋を防ぐには，話合いの前に個別に意見を形成する時間を設けたり，「前に発言した人と同じ意見を述べない」など協働的な学びにおける基本的なきまりとしての「グランドルール」を設けたりすることが考えられる。

（吉田　広毅）

第3章
学習プログラムの編成

I　学習プログラムの設計・運営

1　社会教育事業における学習プログラム

　本章において社会教育事業における学習プログラムについて述べていくが，Ⅰ節では行政での位置付けや記載内容等の概論を述べ，Ⅱ節では学習プログラムの具体的な編成の視点等といった各論について述べていくこととする。

(1) 学習プログラムとは

　学習プログラムとは，「学習者が学習を進めていくのを援助していくため，学習援助者側が中心となって設定する援助計画の全過程を一定様式に納めた予定表のこと」[1] である。行政が作成する学習プログラムは，社会教育計画等で示された教育目標や施策目標を達成するために企画・立案された単位事業[2]を，どのように実施していくかという「個別事業計画」であり，どのような教育資源（「ヒト」，「モノ」，「カネ」，「情報」）を投入して，いかに学習者に学習目標を達成してもらうかという手立てを落とし込んだものであると言える。

　学習プログラムは，社会教育主事等によって企画・立案されている。その企画・立案に当たっては，予算内で学習環境を効率的かつ効果的に整え，事業成果を評価するという経営的な視点と，一連の学習活動を通して受講者の変容をいかに促していくかという教育的な視点が求められる。まさに，専門的教育職員としての社会教育主事の資質・能力を発揮する場面であると言える。

　学習プログラムを考える際には，複数の単元がある場合には，その全ての取組や活動を表した全体のプログラムと，一回の取組や活動を表した個別のプログラムを考える必要がある。地方公共団体によっては，事業の開催場所や時間，内容の概要等を表にまとめたいわゆる「番組表」を地域住民に広報するために作成し，それを学習プログラムとしているところも見受けられるが，本来，学習プログラムは行政計画であり，その事業目標をいかに設定し，どのように取組を実施し，評価をどのように行うかまで示されている必要がある。予算が適正に執行されたかを調査させる「監査」に

---

[1] 日本生涯教育学会編『生涯学習事典』東京書籍株式会社，1990年，p. 370
[2] 行政の施策・事業の枠組みの中で最小単位の事業

おいては，この学習プログラムの内容と事業成果の評価結果が重要なものとなる。したがって，学習プログラムは「企画書」であり，受講者をいかに集めるかという「広報媒体」とは違うものであることは押さえておきたい。

　事業を通しての受講者の変容を目指していくためには，それぞれの活動が有機的に関連しながら，最終的には事業目標に掲げた受講者の「気付き」を促していくような，「ストーリー性」を持った内容が求められる。そのため，学習方法も講義だけでなく，実習，フィールドワーク，話合い，発表など，様々な手法を用いて参加者の興味・関心を高めていくことが重要となっている。近年では，事業予算の確保が難しい状況から，１回のみの事業も見受けられるが，その場合も一回の中での「起承転結」や他事業との関連性の中で「ストーリー性」を持たせていくことが重要となっている。

（2）社会教育計画と学習プログラムの関係

　学習プログラムは社会教育計画が目指す目標の具現化を目指すものであり，その関連性を図１に図示した。

　行政の施策・事業は，地方公共団体の総合計画（マスタープラン）に基づいて実施されている。総合計画の計画期間（５年程度）の中で，社会教育行政における取組を

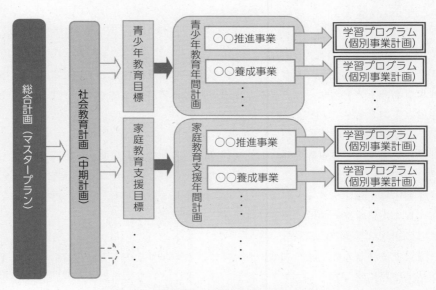

図1　社会教育計画と学習プログラムの関係

個別計画としてまとめたものが社会教育計画（中期計画）である。この社会教育計画は，総合計画の目指す地域像や住民像を具現化するために，社会教育での取組の方向性を示すとともに施策化したものである。

　したがって，学習プログラムは社会教育計画で掲げた施策目標を具現化するために企画された単位事業の事業目標を達成するための，個別事業計画ということになる。そのため，学習プログラムの目標は，社会教育計画に位置付けられた施策目標を踏まえたものであり，ひいては地方公共団体の総合計画の目標を踏まえたものになっている。

　そのような意味からも，社会教育主事等は単に担当した事業を実施していくのではなく，事業の位置付けを総合計画や社会教育計画を含めて大きく俯瞰し意識しながら，学習プログラムの企画・立案を行っていくことが大切である。そうすることで，企画される学習プログラムの質が大きく変わっていくとともに，事業の内容が地方公共団体の施策の方向性に沿ったものとなるであろう。

　そこで，押さえておきたいことは，多くの総合計画は社会教育行政に地域コミュニティの活性化のための学びや活動の機会の充実を求めており，社会教育行政として地域住民の自主的な学習活動のための環境醸成を図ることが重要となっている。そのような点からも，企画・立案する学習プログラムには，事業を通して参加者に自主的な学びや活動を促したり，地域活動の仕組みづくりにつながっていったりする展開が求められていると言えよう。

(3) 学習プログラムの意義と目的

　学習プログラムを企画・立案し，それに基づいて事業を推進していくことは，事業の成果を高めるとともに，行き当たりばったりの事業展開を防ぐことができる。その理由は以下のとおりである。

ア　学習課題の明確化

　学校教育では学習指導要領において，学習内容がきちんと定められているが，社会教育では，学習者のニーズやそれぞれの地方公共団体の地域の状況や課題に応じて学習内容が設定される。学習プログラムを企画・立案することで，学習課題を明確に捉えた学習機会を地域住民に提供することができる。

イ　効果的な学習方法の選択

　学習プログラムの企画・立案においては，どのような内容をどのような学習方法で地域住民に学んでもらうかを，検討していくことになる。その結果，特定の学習方法に偏ることなく，参加者が効果的に学ぶことができる学習方法の組合せを考え

実行していくことができる。
ウ　多様な主体との連携促進
　　近年のネットワーク型行政の必要性を鑑み，学習プログラムを企画・立案する段階で他部局との連携・協働が可能かどうかを検討することができ，事業内容の広がりを持たせることが期待できる。
エ　学習成果の評価の充実
　　近年，EBPM（Evidence-based Policy Making）すなわち，データ等の客観的証拠に基づく施策の企画・立案が求められている。そのためには，事業の成果を客観的に評価し，PDCAサイクルにより事業改善を図ることが必要である。また，客観的な評価により事業が成果を上げているということを示さなければ，計画年度途中でも事業を余儀なく廃止される状況である。学習プログラムを作成して事業目標，学習目標をしっかりと設定しながら，事業内容の精緻化を図ることで，評価計画を作成しやすくなり評価の充実につながる。

（4）学習プログラムを構成する要素
ア　全体のプログラム
　　それでは，実際の学習プログラムについて，表1の例に基づき，その構成する要素について説明していくこととする。
（ア）テーマ
　　テーマはそれを目にした地域住民が興味を持って参加したくなるようなネーミングが必要となる。内容が地域住民にとって興味がある内容であれば，その内容が目に浮かぶようなテーマが相応しく，地域住民が積極的に参加することが見込まれない内容であれば，意外性を持った楽しそうなテーマが良いのかもしれない。
（イ）事業目標
　　事業目標には，当該事業が目指すべき具体的な姿が示されている。学習プログラムの事業目標には，事業の実施が認められた際の予算要求書に掲げた事業目標がそのまま設定されることが通常である。その事業目標から離れてしまうと，前述のように監査に耐えられない状況に陥る場合もある。
（ウ）学習目標
　　学習目標は，事業目標を達成するためには，参加者が何を目指して学習するかを設定するものである。したがって，「～ができる」，「～を理解する」，「～を高める」といった参加者主体の表現となる。

（エ）対象者

　参加してもらう地域住民の対象を明確に記述する。参加対象者がぼやけてしまうと講座内容もぼやけてしまい，学習目標を達成することができなくなるおそれがある。一方で，対象者を絞り込んでしまうと参加者が少なくなってしまうという状況もあり，事業目標や地域の状況に応じた設定が重要となる。

（オ）日時・場所

　講座等を実施する日時や場所を明記する。日時については対象者を考慮して，参加しやすい日や時間を設定する必要がある。

（カ）学習内容・方法

　参加者に興味・関心を持ってもらうには学習内容を工夫して設定する必要があるとともに，どのような学習方法で学ぶかも大きな要素となる。講義ばかり，体験ばかりの学習方法にならないよう，効果的に組み合わせていく必要がある。

（キ）評価

　事業を実施するには内容の企画・立案とともに，事業の目標がいかに達成されたかを評価する計画を作ることも重要である。どのような内容を，いつ，どのように調査するのかを学習プログラムの中に記述していくことが重要である。事業の学習目標の評価と併せて，各回の学習目標に関するアンケート等も実施して，評価を積み上げていくことも大切である。

表1　全体のプログラムの参考例

テーマ	：さあはじめよう！！〇〇歳の手習い（5回連続講座）（地域学校協働活動総合推進事業）

事業目標：高齢者を対象に地域への興味・関心を促す学習機会を提供し，生きがいづくりを支援するととともに，学びの成果を生かした学校支援活動を体験する機会を提供することで，地域活動に参画する意欲を喚起して，地域学校協働活動の担い手の発掘を目指す。

学習目標：①学習を通して地域への興味・関心を高める。
　　　　　②体験を通して学校支援活動への参画意識を高める。

対象者：一般市民（60歳以上の高齢者）　　定　員：30名
講　師：下表参照　　受講料：無料　　会　場：下表参照

回	日　時	学　習　内　容	学習テーマ・方法	会場・備考
1	6月2日 10：00〜 12：00	開講式 高齢期をより良く生きる1 ・高齢期にライフプランとマネープランを作る重要性を理解する。今後の生き方について考える。	【講話・交流】 ・ライフプランの必要性　講師：大学教授 ・高齢者のマネープラン　講師：消費者センター職員	【公民館】 パソコン プロジェクター スクリーン

2	6月12日 10：00～ 12：00	高齢期をより良く生きる2 ・健康生活を続けるために必要なことを考える。思い出すことや人々と交流することが，認知症の予防になることを知る。	【講話・実技】 ・誰でもできる健康体操　講師：健康センター職員 ・認知症を防ぐために　講師：専門医	【公民館】 パソコン プロジェクター スクリーン
3	6月17日 10：00～ 12：00	思い出そう！昔の暮らし ・昔の写真や生活用具を見て当時の生活を思い出し，当時の地域の状況について話し合うことで，地域の良さを再発見する。	【講話・交流】 ・昔の生活を思い出そう　講師：博物館学芸員 ・昔の地域を思い出そう　支援者：社会教育主事	【公民館】 パソコン プロジェクター スクリーン 昔の道具
4	6月25日 10：00～ 12：00	昔の暮らしを伝えよう！ ・小学校の総合的な学習の時間で，昔の生活の紹介や地域の良さを子供たちと話し合うことを通して，学校支援活動の良さを体感する。	【体験・交流】 ・昔の暮らしを紹介する　支援者：社会教育主事　　　　　学校教員	【小学校】 写真パネル 昔の道具
5	7月12日 10：00～ 12：00	これからの生活を考える ～地域に必要なあなたの力～ ・講座を振り返り，これからの生活をどう過ごしていくかを話し合う。学校支援に興味を持った参加者の支援を行う。 閉講式	【交流】 ・生き生きとし生きる！　支援者：社会教育主事　　学校支援ボランティア　※特別参加者として交　流した小学生	【公民館】 付箋紙 模造紙

評価：最終日にアンケートを実施し学習目標の達成度を以下の視点で調査する。
　①地域への興味・関心が高まったか。
　②学校支援活動への参画意識が高まったか。
　その他の中間アウトカムは適宜各回のアンケートで把握する。

イ　個別のプログラム

　全体のプログラムが何回かの連続講座の内容を計画するものであるのに対し，各回の進め方や留意点等を計画したものが個別のプログラムである。表2は，表1のプログラムのうち，第4回のプログラムを表したものである。全体のプログラムよりもより詳細に，学習の流れや学習支援者の関わり方，進める上での留意点等が示されているのが分かる。

　学習方法として参加型学習の手法を取り入れるのであれば，各アクティビティの詳細が記入される。講座の担当者としては，事前準備の最終段階の計画書でもある

ことから，準備物の確認や会場の作り方，学習支援者の動き等が手に取るように分かるよう，作成していくことが望ましい。そして，学習支援者との最終打合せ資料にもなることから，誰が見ても分かるような記述を心がけておく必要がある。

表2　個別のプログラムの参考例

(1) 事業名	地域学校協働活動総合推進事業	日　時	6月25日（金）第3，4校時
(2) 学習テーマ	昔の暮らしを伝えよう！（第4回）		
(3) 学習目標	【参加者（大人）】 　小学校の総合的な学習の時間で，昔の生活の紹介や地域の良さを子供たちと話し合うことを通して，学校支援活動の良さを体感する。 【小学生】 　地域の大人から昔の生活や地域の良さを直接聞くことにより，自分たちの地域を知るとともに，その良さを再発見する。		
(4) 学習場所	○○小学校　3年1組教室		

(5) 準備するもの
□色つきシール　　□模造紙
□水性ペン　　　　□付箋紙
□パソコン　　　　□プロジェクター
□写真パネル　　　□昔の道具
□昔の地図　　　　□旗

(6) 会場図

※以下2列　　●：参加者　　○：児童

(6) 展開

展開	時間	学習活動	学習支援者	留意点	備考
	15	1　アイスブレイク ①じゃんけん肩たたき ・自己紹介と交流 ②旗揚げアンケート ・学習の下地を作る。	社会教育主事	・コミュニケーションがとれない人はいないか注意する。 ・地域の誰もが知っている施設等に関する質問をする。	・旗
	15	2　発表会 ①昔の道具クイズ ・昔の道具（実物・写真）を見せて，何の道具かをみんなで当てる。 ②昔のまちクイズ ・昔の写真や地図を見せて，現在のどこかを当てる。	社会教育主事 参加者	・道具や展示物の準備，機器の動作確認を行っておく。 ・答えが難しいときには，参加者へ児童にヒントを出すように促す。	・レジュメ，プロジェクター，パソコン ・昔の道具 ・写真　等

	15	3　インタビュー ・昔の生活について，社会教育主事が全体へ質問し，各班の参加者が児童たちに説明する。	社会教育主事 参加者	・参加者が児童に上手く話せているか注意する。	
	20	4　話合い 「このまちのいいところは？」 ・児童から出てきた意見を，参加者が付箋に書き留める。	社会教育主事 参加者 教員	・社会教育主事と教員がフォローする。 ・話合いに参加できない児童がいないか注意する。	・付箋紙，水性ペン，模造紙
	10	5　ミニ発表会 ・2班がペアとなって，まちのいいところについて発表し合う。	社会教育主事 参加者 教員	・児童が発表しやすい雰囲気づくりを行う。 ・相手の発表でいいところにはシールを貼ってもらう。	・色つきシール
	10	1　ふりかえり ①この時間で考えたこと ②このまちのよさとは	社会教育主事 教員	・学習目標に関わる質問をし，気付きを促す。 ・参加者と児童それぞれにアンケートを行う。	
	2	2　次回の内容について			
	3	3　アンケート			

2　学習プログラム設計における留意点

(1) 学習プログラムを作成する視点

　学習プログラムを設計する上での留意点としては，行政の事業目的は公共の福祉，まちづくり，地域コミュニティの活性化等々の行政的な意図を持っているということである。つまり，「学んで参加者が満足して終わり」という学習であれば，税金を投入して行政が提供すべきものではない。むしろ民間学習業者に受益者負担で実施してもらう方が納税者にとって公平であり適正である。

　そこで，行政の事業として実施される講座等の学習プログラムでは，学習者が地域

について学び，地域を良くしていこうという活動に主体的に取り組んでいけるよう，内容や方法を工夫することが重要な視点となる。そのような学びとなるためには，それぞれの「地域課題」について学べるプログラムとすることが重要となる。

　また，プログラムの作成においては，地域の学習資源とネットワーク（Ⅱ節にて詳述）を活用していくことが重要となる。地域の学習資源である「ヒト・モノ・カネ・情報」を活用していくことは，持続可能な連携・協力体制を築くことにつながるとともに，プログラムの内容の充実を図ることもできる。社会教育主事として日頃から地域の学習資源を把握しておくことも重要な役割である。

(2) 地域課題を取り上げる理由と工夫

　それでは，なぜ地域課題を取り上げる必要があるのか考えてみる。地域課題は，全ての地域住民が「学びたい」というものではないが，「どうにかしなければならない」と考えているものであることから，多くの住民が関心を持っている内容である。つまり，地域住民の関心事の「最大公約数」であると言える。また，地域課題解決のための活動は，それ自体がまちをより良くしていく活動であり，「まちづくり」であると言えることから，地域課題に関する学びは社会教育行政の事業として大変有効であると言える。

　ただし，問題は地域課題や現代的課題を取り上げた講座は，地域住民にとって必ずしも積極的に学習したいというテーマではないということである。社会教育主事等として，地域の課題を把握し，解決のための講座を開講しても，参加者が集まらなかったというのはよく聞く話である。現在のように，事業評価を厳密に求められる状況にあっては，参加者の確保は大変重要なものとなる。

　そこで，学習プログラムの作成においては，地域住民が学んでみたい内容を取り上げ，関心を持ってもらう必要がある。表1の例を見ると，第1回ではマネープラン，第2回では健康と，高齢者が学んでみたいという内容を取り上げている。そして，昔を思い出す活動から，小学校での学習支援と進めていくうちに，いつの間にか学校支援活動に参加しているというストーリーである。

　以上のように，地域課題・現代的課題の学びは大変重要であるが，参加者の立場に立ったプログラムの工夫が必要不可欠であると言える。

── コラム ──

＜地域元気プログラム：栃木県＞

栃木県では，地域課題の解決を通した住民同士のつながりづくりを目指す学習プログラム「地域元気プログラム」を作成しその普及に努めている。

プログラムは，地域住民の興味関心が高い家庭教育支援を課題として取り上げ，参加者同士の交流を通して主体的な学びを促す「参加型学習」で構成されている。

本プログラムの特徴としては，講座等の企画者が地域住民に学んでもらいたいことを系統的に捉え，状況に応じた効果的な学習が展開できるよう，学習内容を「地域課題についての『知識』」，「解決のための取組を行う『技術』」，「具体的な実践につなげるための『行動』」の三つの視点で整理し，学習プログラムが構成されている。

また，家庭教育支援だけでなく，青少年教育やまちづくりなど他の様々な地域課題に対応するための方法やヒントも示されており，実際の現場での活用に配慮されている。

（出典：栃木県教育委員会『地域元気プログラム』平成30年３月）

（3）地域住民の活動へとつなげる工夫

講座等の活動を通して，参加者に地域課題解決について知ってもらい，その解決のための活動に参加してもらいたいというメッセージが，学習プログラム全体を通して伝わらなければならない。地域課題解決への関わり方については，「課題を知る」，「解決のために行動する」，「地域の指導者になる」など様々な段階があるが，参加者が学習した地域課題について今後の関わり方を考えることができるように，プログラムを作成することが重要である。

これまで社会教育主事等は，学習プログラムの構成に様々な工夫を行い，学習者の課題解決のための意識向上を目指してきた。そのいくつかを例示しながら紹介する。

ア　現地体験

講座の冒頭や一定の学習を行った後に，地域課題を体験できる現地を訪れる機会を設ける。現地で課題の状況を自ら確認したり，関係者の話を聞いたりするなどを通して，課題解決の必要性を実感してもらい，課題解決のための意識の向上を図

る。

イ　実践者との交流

　一連の学習を行った終盤に，実際に地域課題解決のために活動している実践者や団体関係者との交流の機会を作る。活動を行う実践者と顔と顔が分かるような関係づくりを行うことで，以降の活動に参加しやすい状況を作る。

ウ　取組の提案

　一連の講座での学びを通して，課題解決のためのアクションプラン（取組）を作成してもらい，具体的な活動のイメージを持ってもらう。さらに，自分たちが作成した改善計画を，関係の行政セクションの部長や課長，場合によっては首長に対して提案する機会を作り，課題解決のための活動に臨場感を持たせながら，活動へのマインドを高めることで，実際の活動に結びつきやすくなる。

エ　組織化への支援

　学習活動の継続のためには，学びたい住民同士が，自由に集まって学習機会を作っていくことが望ましい形である。学習を通して，せっかく同じ課題意識を持った参加者を次の学びへとつなげていくことが社会教育主事等の重要な役割となる。自分たちで学習機会を作る「自主サークル」や「〇〇クラブ」等の設立を目指し，ふりかえりや発表の機会の内容を工夫しながら，キーマンが組織化へのアクションを起こせるような状況を意図的に作る。

—— コ ラ ム ——

＜地域魅力化プログラム：島根県＞

　島根県では，地域課題の解決に向けて，「地域づくりに主体的に参画する人づくり」を目指した取組を進めるために，社会教育関係者が活用できる，「しまね学習支援プログラム『地域魅力化プログラム』」を開発した。

　学習方法には，地域の様々な課題に対応するよう「参加型学習」の手法を用いて作成されている。

　発行されている冊子は，社会教育関係者が講座等で実施できるよう，参加型学習の進め方，具体的な学習プログラム，学習プログラムの企画・設計の手引き，アイスブレイク集で構成されており，ファシリテーションの方法から学習プログラムの設計まで幅広く学べる内容となっている。具体的な学習プログラムは，１）地域の良さを考える，２）地域資源の活用を考える，３）地域の将来像を考える，４）地域防災を考える，の四つの視点からそれぞれ３～４個の学習プログラムが作成されている。さらに，それぞれのプログラムか「現状を見つめる」，「発想を広げる」，「動きにつなげる」という，地域参画のどの段階に対応しているかが明示されており，講座の担当者が企画しやすいように配慮されている。

（出典：島根県立東部社会教育研修センター，島根県立西部社会教育研修センター『しまね学習支援プログラム「社会教育関係者のための地域魅力化プログラム」［実施版］』平成31年３月）

（井上　昌幸）

Ⅱ　学習プログラム編成の視点

1　学習プログラムの編成とは

　学習プログラム編成とは一体，何を意味するのだろうか。ここではまずその概念を定義付けたい。学習プログラムは，前節で述べられたように様々な要素で構成される複合的な存在である。学習プログラム編成とは，ここでは「複数の構成要素からなる学習プログラムを有機的な統一体としてまとめる作業」と捉えることにする。これは学習プログラムをシステム論における一つのオープン・システムと捉えることを前提としている。システム論におけるオープン・システムとは，複数の構成要素からなるシステムが外部環境と継続的に相互作用を行うことを意味する。学習プログラムは人間が携わる一つのオープン・システムであり，後述するように学習の準備活動から学習目標の設定，学習活動計画，学習活動の展開，評価などの複数の構成要素を含む統一体である。学習プログラムは外部環境からの影響を受けると共にその外部環境にも影響を及ぼしていると考えられる。

　具体的な作業としての学習プログラム編成は，全ての学習プログラム開発過程で行われる。学習プログラム開発過程とは，「作業としての学習プログラム編成が行われ，学習プログラムが一つの意味ある有機的統一体として形成されるまでの経路（プロセス）を意味する」（金藤 2012）。仮に時間を止めて学習プログラム開発過程を静的なものとして捉えるならば，それは図 1 に示すような 5 段階の過程として捉えられる。第一段階は準備活動段階であり，第二段階は学習目標設定段階，第三段階は学習活動の計画段階，第四段階は学習活動の展開段階，そして第五段階は評価の段階である。いうまでもなく実態としての学習プログラム開発過程は動的な過程であるため，図 1 のように各段階が順番に表出するとは限らない。すなわち，時には複数段階の作業が同時並行的に実施されることもある。例えば実際の学習プログラム編成は，第一段階の準備活動と第二段階の学習目標の設定を同時並行で行う場合や，第二段階の学習目標の設定と第三段階の学習活動の計画を同時に行う場合も存在するのである。

　優れた学習プログラムを創り上げるには，様々な学習プログラム編成が必要となる。その全てをここで網羅することはできないが，以下では特に重要と思われる学習プログラム編成を10の視点に絞り述べることにしよう。次節の（1）～（6）は前掲図 1 の学習プログラム開発過程の各段階に対応する学習プログラム編成の視点であ

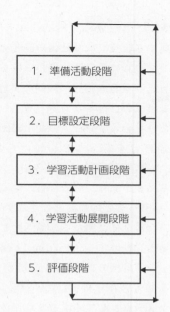

図1　学習プログラム開発過程

出典：金藤ふゆ子『生涯学習関連施設の学習プログラム開発過程に関する研究』，2012年，p. 87引用

る。（7）～（10）は，学習プログラム編成を取り巻く，よりマクロな環境・条件整備に関する視点である。各視点の検討は，学習プログラム編成に関する先行研究や調査等を踏まえながら行うことにしよう。

2　学習プログラム編成の視点

(1) 準備活動

　学習プログラム編成に当たり，我々には学習目標を設定する前に数多くの作業が求められる。多様な準備活動の実施が，学習プログラムの良し悪しも分けると考えられるためである。準備活動を大別すると学習者に関するもの，第二段階の目標設定のために実施するもの，その他学習プログラム全体に関わるものの3種に分けられるだろう。

　第一の学習者に関する準備活動とは学習者個人や，組織，地域社会の学習ニーズを把握したり（Knowles, 1970），それぞれの意識と共に行動を把握・分析する（岡本1971，1973）ことである。その他，学習者を学習活動に導く雰囲気づくりを含む学習環境の整備や，学習者の参加を前提とする企画委員会などのプランニングのため

の組織作りも重要な準備活動の一つである（Knowles,1970）。それらの作業を通して学習者個人が学習者の所属する組織や地域社会の実態や課題が把握されるほか，学習者の参加によるプランニングのための素地が整えられる。計画段階での学習者の参加は（6）で後述するが，生涯学習関連施設・機関の実施する学習プログラムでは，極めて重要な学習プログラム編成の目指す方向である。

　第二は学習目標設定に当たり社会環境や社会の文化的側面，心理・哲学的側面を含む検討やデータ分析，理論付けを行うことが挙げられる（Tyler 1949, Houle 1996, Verduin 1984）。これは学習目標を設定する前に，学習プログラムを計画する意味・意義は何かを検討する必要があり，そのために地域の社会的・文化的側面の実証的データに基づく分析や，心理・哲学的検討を行う必要があるということであろう。

　第三のその他の学習プログラム全体に関わる準備活動としては，学習プログラムに影響を及ぼす外的諸力・諸要因を検討する（Verduin 1984）ことや，学習継続を支援する準備や予算とマーケティング計画の準備を行う（Caffarella 1994）などが挙げられる。学習プログラムに影響を及ぼす外的諸力や諸要因の検討については，（10）で後述するが，オープン・システムとしての学習プログラムには多様な要因が影響するため，編成者は可能な限りその影響について準備活動段階から配慮する必要がある。例えば不測の事態に対応して災害時の避難経路やマニュアル，さらには受講者の緊急連絡網などをあらかじめ作成することも準備活動の一つとして重要な作業である。

（2）対象者の明確化

　学習プログラム編成を検討する先行研究をみると，多くの研究者が「学習対象者の明確化」を学習プログラム編成上の重要項目に挙げている（Tyler 1949, Knowles 1970, Houle 1972）。学習対象者の明確化は，当然ながら学習目的や学習目標の設定に必要となるばかりでなく，その後の学習活動の計画，展開，評価の学習プログラム編成の在り方を大きく左右する。同時にそれは，学習者の特性に対応する学習プログラム編成を実現するためにも不可欠の作業と考えられている。

　ところが日本の社会教育や生涯学習施設で実施される学級・講座を見ると，成人や一般市民を対象者とする事例も数多く見られる。これはより広く市民に参加を求めたいという編成者側の意図が反映されている場合もあると考えられる。しかし，安易に成人や一般市民を対象者とすれば，参加者の年齢層やライフステージの違いのほか，過去の学習経験など学習活動に直結する学習者の状況に甚大な差が生じ，学習プログラムは全体として学習活動の深まりが少ないものとなる可能性もある。編成者はそう

した事態をできる限り招かないように，学習対象者を十分に検討しなくてはならない。そして時には学習対象者をかなり絞り込む学習プログラム編成を行う必要もある。

(3) 学習者にとっての到達目標の明確化

　　学習者にとっての到達目標とは，学習経験を通じて学習者が達成することを期待される結果，ないし学習成果であり，学習者の意識・行動・態度の変容を，学習者を主語として明文化したものである。学習者にとっての到達目標の明確化は，第一段階の準備作業や第二段階の学習対象者の明確化と連動しながら検討される。最終的に明文化された到達目標としての学習目標は，学習プログラム編成者のほか，講師・助言者や学習者自身が学習活動の展開に先立ちその内容を知り，理解し，受け入れられるものとする必要がある。

　　到達目標としての学習目標は，（ア）記述の明確性，（イ）学習者にとっての達成可能性，（ウ）学習活動との関連性等が確保される必要があるほか，（エ）学習成果の応用可能性や学習継続の可能性，（オ）学習者個人の特性や社会の教育的要請への配慮などが求められる。到達目標としての学習目標は，その後の学習活動計画，学習活動展開，及び評価にとって必要不可欠であり，計画・展開・評価の指針ともなる。具体的には，表１に示すような事項に留意しながら到達目標を設定する必要がある（金藤2006）。

　　学習目標の設定については仮の学習目標を設定し，次に複数の仮の学習目標からの選択，最終的な学習目標の設定といった一連の流れがあると考える研究者や（Tyler1949），学習目標には一般的レベル，中間的レベル，具体的レベルといった違いや，認知的領域，情緒的領域，精神的領域があると考える研究者がいる（Verduin

表１　学習者からみて到達目標となる学習目標の設定上の留意点

① 学習目標は学習者が学習活動を通して何を学び，それによって学習者がどのように変化するかを具体的に記述しあいまいな表現をさける。（明確性）
② 学習目標は焦点を絞って記述すること。総花的に到達目標を羅列するのでなく，確実に達成を目指す目標に絞り込んで記述すること。（明確性）
③ 学習目標は学習者にとって到達可能な目標を設定すること。その際，集団学習，個人学習共に学習者の特性に配慮して設定すること。（達成可能性）
④ 学習目標は得られた学習成果がその後の実際の生活にどのように役立てられるのか，学習成果の応用や学習の継続についても記述すること。（応用可能性，学習継続の可能性）

注：表１・表２は金藤ふゆ子（2006），「学習プログラム編成の視点」国立教育政策研究所社会教育実践研究センター編『社会教育主事のための社会教育計画（理論編）』を基に改定したものである。

1984)。そのように到達目標としての学習目標は複数の要素を考慮しつつ，かなり慎重に検討し設定しなければならない。学習者にとっての到達目標の設定は，学習者の参加を前提とすることが求められる。さらに学習目標はオープン・システムとしての学習プログラムの一構成要素であることから，可塑的な存在と捉えるべきである。決してそれを固定的・絶対的なものと捉えるべきではない。即ち，学習目標といえども学習プログラム開発過程の中で必要に応じて変更や修正が行われる可能性もあると認識することが重要である。

(4) 学習内容の精選と構造化

　学習活動計画の段階において，学習内容として何を取り上げるかが検討される。学習内容は，第二段階の学習目標を達成するために必要かつ十分な内容で構成される必要があり，その精選に当たっては考慮するべきいくつかの観点がある。

　表2は学習内容の精選に当たっての主な観点をまとめたものである。①に挙げたスコープ（Scope）とシークエンス（Sequence）を十分に検討するとは，学習内容として何を取り上げるかという学習内容の領域の横の広がり（スコープ）と，取り上げた学習内容をどのような順序で配列するかという縦のつながり（シークエンス）を検討することを意味している。学習内容としてあれもこれも取り上げたり，その配列を十分に検討せずに実施すれば，学習内容の過多やその配列の不具合によって学習者が学習内容を十分に理解できない状況を招き，ひいては学習目標の達成を危うくするおそれが生じる。

　②や③に挙げた観点は，学習者の意識・行動の実状や地域の状況，さらには学習者の過去の学習経験やレベルに応じた学習内容を検討するために，準備活動段階において学習者や地域の実態を把握する調査を行う必要があることを意味している。④の観点として挙げた学習内容の発展や連続性に配慮するとは，学習者がここで取り組む学

表2　学習内容の精選と構造化に当たっての留意点

① スコープ（学習内容として何を取り上げるか）やシークエンス（取り上げた学習内容をどのような順序・配列で構成するか）を十分に検討すること。
② 学習者の意識・行動や地域の実状に即していること。
③ 学習者の学習経験やレベルに適していること。
④ 学習内容の配列は連続性や発展性に配慮し，その後の学習活動の継続を可能とすること。
⑤ 編成者の個人的な好みや学習内容に対する思い込みが過度に反映されていないか留意し，複数の編成者の目を通して学習内容を精選すること。

習活動を終えれば次にどのような学習ができるかが予測できるように学習の発展を考慮して学習内容を精選する必要があることを意味している。⑤の観点は学習プログラム編成に携わる者も一人の人間であるためその個人的属性や好み，過去の経験等が学習内容の選択に影響するが，それがマイナスの影響となることもあることを意味している。その問題を回避するには，複数の編成者によって学習内容の選択に問題がないかを検討するべきと言えよう。

(5) 多様な学習方法の活用

　学習方法の選択は，学習プログラム編成において前述の学習内容の精選や構造化とともに学習活動計画の中心的作業である。学習方法にも多様なものがあるが，学習者の参加型学習方法あるいは参加体験型学習方法（以下，参加体験型学習方法とする）と呼ばれる学習者自らが参加や体験を通じて学ぶ方法を積極的に活用することが望ましい。具体的にはワークショップ，ディベート，ロールプレイ，アサーティブトレーニング，フィールドワーク，ブレーンストーミング，シミュレーション，ラベルワーク，ランキング，各種ゲームの活用などの方法である。国立教育政策研究所の調査研究によれば，全国の都道府県・市町村教育委員会や社会教育施設の約計8,000施設・機関の中で，参加体験型学習を実施したことがあるのは34.2％であった（図2：国立教育政策研究所 2008）。今後はさらに参加体験型学習方法の活用の推進が求めら

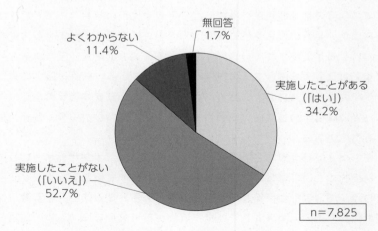

図2　参加体験型学習の実施の有無

（出典：国立教育政策研究所『参加体験型学習に関する調査報告書』2008年，p. 9引用）

れる。

　ICTを用いた学習方法は，参加体験型学習と同様に更なる活用を求めたい方法である。インターネットを介して学ぶeラーニングによる学習プログラムや，双方向会議システムを活用した学習は個人学習，集団学習共に活用可能であり，学習成果を高める効果が期待できる。

　課題解決型学習（Project Based Learning）ないし問題解決学習（Problem Based Learning）は（以下，PBLとする），1900年代初頭にアメリカの教育学者ジョン・デューイ（John Dewey）がはじめて教育現場に取り入れた方法とされる。「デューイの問題解決学習の意義は,端的にいって,「問題の設定」→「仮説の構成」→「検証」という過程を通して,自主性や自発性を軸にした主体的,実践的,創造的な思想や能力を形成してゆく論理を明確に提示したことにある」（白銀 1966）とされるように,PBLとは科学的思考のプロセスを重視し，主体的，実践的，創造的な思考や能力の育成を目的とする学習方法である。PBLは今日，大学教育においてもインターンシップ等の場で有効な学習方法として採用されている（文部科学省 2018）。生涯学習関連施設・機関の学習プログラムの学習方法としても，今後更なる活用が期待される。

（6）計画段階での学習者や住民の参加

　学習プログラム編成への計画段階での学習者や住民の参加は，国の答申においても約20年以上前からその重要性が指摘されてきた（生涯学習審議会答申 1996，1999）。計画段階での学習者や地域住民の参加は，学習者や住民の学習ニーズを反映することにつながるほか，学習者の主体性や学習活動の継続性を高め，結果として優れた学習プログラムになると期待されている。計画段階での参加は成人に限られるものではなく，青少年を対象とする場合もその推進が求められている。計画段階での青少年の参加は，青少年の自主性・自発性を高め，さらには学習活動自体の質の向上や学習活動を体験した後の青少年の達成感・成就感を高める効果につながる等，多面的な効果が期待できるためである。

　言うまでもなく，計画段階での学習者や住民の参加は，オブザーバーとしての参加といった消極的なものではなく，計画の主体として様々な役割を担うことを意味している。その際，学習者や住民相互の連携・協働が必要となるほか，学習者や住民と施設・機関の職員やその他関係者との連携・協働が不可欠となる。施設・機関の職員等の関係者は，主体としての学習者や住民を尊重し，その支援を行いながら学習プログラム開発を進める知識や技能を習得する必要がある。国立教育政策研究所社会教育実

践研究センターは調査研究に基づく市民の地域参画を促す学習プログラム集の開発や（国立教育政策研究所 2013），高齢者の地域参画を促す体制づくりに関する調査研究を行っている（国立教育政策研究所 2018）。先行研究に学びながら，計画段階での学習者や住民の参加をより進めるべきと言えよう。

(7) 学習評価と学習支援評価

　学習プログラム開発過程の第五段階は評価の段階である。一般的に評価とは，設定された目標をどの程度達成したかを判断するために，情報や証拠を集め，その達成度を判断することであり，その過程全体を評価という。評価は（ア）学習目標の達成程度を判断する過程としての学習評価と，（イ）学習支援の条件整備の程度を判断する過程としての学習支援評価に二分できる。

　平成19（2007）年の地方教育行政の組織及び運営に関する法律の一部を改正する法律の改正により，教育委員会は教育に関する事務の管理及び執行の状況の点検及び評価が義務化されている。平成20（2008）年には社会教育法・図書館法・博物館法等が改正され，それぞれ公民館・図書館・博物館の評価を行うことも努力義務化された。そのように法制面も整備され，教育委員会や社会教育施設の事業評価の実施が強く求められている。

　学習評価，学習支援評価のいずれにおいてもその実施に当たっては（ア）評価目的，（イ）評価の対象領域，（ウ）評価者，（エ）評価指標の作成や評価データの収集法や分析方法を含む評価方法，（オ）評価時期など多くの事項の検討が必要である。学習評価，学習支援評価は共にPDCAサイクルにのっとり実施される。PDCAサイクルとは計画（Plan）―実施（Do）―評価（Check）―改善（Action）の４段階を繰り返すことで，事業の継続的改善を図る手法である。こうしたPDCAサイクルにのっとる評価をシステマティックな評価ともいう。

　例えば評価者一つをとってみても，評価者には学習者のほか，指導・助言者，学習プログラム編成者，管理・監督者，事務職関係者，一般市民，外部の有識者やコンサルタントなどの専門家など多くの者が考えられる。評価時期について見ると，評価時期は大別すると四つに分けられる。すなわち，（ア）学習活動展開前（診断的評価），（イ）学習活動展開中（形成的評価），（ウ）学習活動展開の終了時直後（総括的評価），（エ）学習活動終了後，一定期間が経過した時点である。評価はある特定の評価者や評価時期のみで行うのではなく，複数種類の評価者や評価時期に実施することによって学習成果をより正確に測ることができると考えられている。なお，評価結果は学習

プログラムの成功面ばかりではなく，むしろ問題や課題として残された事柄を明確にして明文化することが重要である。評価は次なる学習プログラムの改善に生かすために行われるためである。

　システマティックではない評価として，受講中の学習者や指導・助言者から学習活動についての非公式でざっくばらんに感想や意見を求めるという評価もある。これは学習活動の問題点に迅速に対応し，その克服を図るという意味で有効な評価である。評価はそうした多数の選択肢から最適な事項を選択し，またはそれらを組み合わせて計画・実施することになる。

(8) 関係者の協力体制の構築

　学習プログラム編成には多様な人々が携わる。その関係者の協力体制の構築ができているか否かは，学習プログラムの善し悪しを分けることになる。

　筆者が取り組んだ過去の調査研究によれば施設・機関の職員は，同僚からアドバイスや仕事の承認といった情緒的サポートを受けたり，実際にトラブルに対処してくれたり手助けしてくれるといった手段的サポートを受ける職員ほど，学習内容や学習方法の面で多様性の高い学習プログラムを作ることや，当初の計画に不測の事態が生じた場合にその問題に対処し調整できることが明らかになった（金藤 2012）。これは学習プログラム編成に携わる関係者の協力体制は，その人々の携わる学習プログラムの質に影響を及ぼすという事実を示している。優れた学習プログラムは，関係者の協力体制を基盤として形作られるため，当然ながらその構築は極めて重要かつ必要だと言えよう。

(9) 地域の学習資源とネットワークの活用

　地域には様々な学習資源がある。学習資源を大別すると（ア）講師・助言者やボランティア等の人的資源，（イ）施設・設備や教材・教具などの物的資源，（ウ）財政的資源，（エ）他の施設機関の事業などの情報的資源，（オ）その他の資源の5種に分けられる。それら多様な学習資源のネットワークとは，人々の学習支援のために生涯学習施設・機関がそれぞれの有する学習資源や地域の学習資源を相互に可能な限り有効に活用できる連携・協力関係の総体を意味している。

　学習プログラムは地域の多様な学習資源とそのネットワークを活用して編成することが求められる。その結果，（ア）単独ではできない学習プログラムが実施できる，（イ）高度化・多様化する学習ニーズに対応できる，（ウ）事業のマンネリ化を解消で

きる，（エ）効果的なPRができるなど多様な効果も期待できる。

　財政的資源のネットワーク化はその中でも難しいものと思えるが，近年はクラウドファンディング（Crowdfunding）[1]やソーシャルインパクトボンド（Social Impact Bond，SIB）[2]，CSR社債[3]などの手法により事業予算を確保し，事業を計画・実施する取組がある。例えば国立科学博物館はクラウドファンディングの手法を用いて新たなプロジェクトを実現した（国立科学博物館 2018）。中央教育審議会答申は，こうした手法を社会教育の分野でも取り入れることを検討すべきとしている（中央教育審議会 2018）。地域の財政的資源もネットワーク化を図ることは可能である。学習プログラム編成者は資金不足のため初めからアイディアの実現は不可能と考えるのではなく，様々な学習資源のネットワークを活用してこれまでにはない新しい学習プログラムの実現を目指してほしい。

（10）影響を及ぼす要因への配慮

　既述のように学習プログラムは一つのオープン・システムであり，それを取り巻く様々な環境要因の影響を受けている。環境要因には人的・物的・財政的要因など多様な要因が存在する。一つの分析結果を紹介することにしよう。（6）で述べたように計画段階での学習者や住民の参加は，優れた学習プログラムにつながるためその推進が求められている。筆者の行った分析によればその実現の有無は講師・助言者や事業の発案者，学習対象者などの人的要因に影響される。また公民館や青少年教育施設といった学習施設の種類によっても影響を及ぼす要因は異なっている。さらに市民の過去のグループ・サークル活動経験や生涯学習活動への参加経験などの個人的要因は，計画段階での学習者・住民の参加にプラスの影響を及ぼすこと等が明らかとなった（金藤 2012）。

　学習プログラムは自然環境要因や社会環境要因にも甚大な影響を受ける。例えば計画段階では予測できない天候や交通機関の乱れによって講師が講義時間に到着できないという状況は常に生じる可能性がある。学習プログラム編成に当たっては，そうした影響を及ぼす要因に十分に配慮する必要がある。規定要因への配慮は，既述の準備

---

[1] 群衆（crowd）と資金調達（funding）を組み合わせた造語であり，不特定多数の人が通常インターネット経由で他の人々や組織に財源の提供や協力などを行うこと。
[2] 官民連携の一つの仕組みであり，行政や民間事業者及び資金提供者等が連携して社会問題の解決を目指す取組。
[3] 地方銀行が中心となって推進されている利払い金の半額を社会貢献に使う債券。

活動につながる。操作可能な要因に働きかけたり，自然環境要因の影響など不測の事態にも対処できるように予め計画段階から代替案を検討するなど可能な限りの準備を行うことが必要である。

3　学習プログラム編成者に求められること

　学習プログラム編成は，前述のように学習者や住民等の参加を前提としながら，施設・機関の職員，NPO等関係団体の関係者，学習者・住民等との協働で実施される。その取組に当たり，学習プログラム編成に携わる者は，常に多種多様な情報の収集・分析に努める必要がある。また地域の実状や課題，学習者や住民の学習ニーズに対応できる学習プログラムを編成できるようにコミュニケーション能力の向上に努め，地域の様々な活動に積極的に参加するなど，一人の生涯学習者として常に研鑽に励む人であってほしい。

（金藤　ふゆ子）

第4章
参加型学習の実際と
ファシリテーション

Ⅰ　学習支援方法としての参加型学習

1　参加型学習の意義と狙い

(1) 参加型学習の意義

　参加型学習を一言で説明することは難しいが，講義のような一方向的な知識伝達型の学習ではないという特徴と，その学習効果を高めるための支援者・促進者（ファシリテーター）の役割に重きが置かれているという2点は，概ね共通理解が図られているようだ。

　参加型学習の定義は，大きく二つに大別される。一つは生活改善や「持続可能な開発のための教育」，まちづくりといった社会的な課題や現代的な課題の解決を志向する学習において，主体的に課題に気付き，それを学習者相互で理解し，充実・改善に向けて参加（参画）できるようになることに重きが置かれる学習である。実践的な経験の中の情報や気付き，当事者としての意見等が，体系的な知識・技術以上に学習資源として重視されるという特徴でいえば，PBLや，「アクション・リサーチ」などと通底するところが大きい。

　もう一つは，学習者が主体的，能動的に学習に参加し，表現しようとする姿勢を引き出す学習方法・形態に価値が置かれる学習の捉え方だ。これらは，いわゆる「ワークショップ」や「グループワーク」，近年着目されている「アクティブ・ラーニング」等も，同種の活動だとも言える。知識よりも体験を通じたコミュニケーション能力や主体性等の意欲・態度の育成を重視して学習を設計するという意味では，体験学習と同意に扱われることもよくある。「参加・体験型学習」などと一語で括られる場合もある。なお，ここで挙げた参加型学習の手法に近い学習方法の詳細については，表1としてまとめてある。

　今日の参加型学習の抱える課題として鈴木は，「価値としての参加か，技法としての参加か，自覚的な追求が求められている」（鈴木 2003）ことを指摘している 。実際，その意義や狙いを追求することなく，目新しさや楽しさから形式的に取り入れているケースは珍しくない。例えば，学習者が発言したからといって，周囲の心情を忖度したり，軋轢を生まぬようにと選んだ言葉であったりすれば，「価値としての参加」が尊重された学習とは言い難い。また，開放的な雰囲気の場で意見交換をしながらプレゼンテーションや作品等を共同で製作したからといって，そのプロセスで学習者間

表1　参加体験型学習の手法

方法の区分	方法	手法の名称
a) 聞くことを 主とする方法	講義	講話・講義（レクチャー），説明
		知識を得たり問題に対する理解を深めるための方法
	問答法	パネルディスカッション，シンポジウム，ディベート レクチャーフォーラム，インタビューフォーラム
		問題や学習課題に対しての意見，体験談を聞くとともに意見を交流する方法
b) 話すことを 主とする方法	発表法	発表・報告
		事例への理解を深めたり，話し合いを深める手がかりとする方法
	討議法	バズセッション，ブレーンストーミング，ラウンドテーブル，ディスカッション，フォーラム，各種討議法
		テーマに関する情報交換や問題解決の検討を参加者同士の話合いによって進める方法
c) 見ることを 主とする方法	観察法	観察，調査，フィールドワーク，見学
		学習した内容を実地に適用して理論や仮説を明らかにする方法
d) 実践することを 主とする方法	劇化法	ロールプレイ，アサーティブトレーニング，シミュレーション
		学習内容に応じた場面を設定し，参加者が役割演技をしたり，コミュニケーション力を高めるトレーニングを行う方法
	実習法	実技，実習，実験，飼育，栽培，レクリエーション，ゲーム
		実技や実習を体験することによって理解を深める方法

（出典：国立教育政策研究所社会教育実践研究センター『学習プログラムの立案の技術』，平成16年，p. 10から抜粋）

の相互作用が適切に促進された質の高い学びになっていなければ，「技法としての参加」を重んじた学習が成立していることにもならない。参加型学習の方法・形態は，講義よりも長い学習時間を確保したり，その手法に不慣れな学習者への適切な支援が必要であったりするだけに，安易に参加型学習の形式を選ぶことによって，学習効率や学習効果といった質を下げる可能性があることも，見落としてはならない。

(2) 社会教育における参加型学習の意義

　社会教育は，地域住民の生活課題や地域課題に根ざして行われる各種の学習を教育的に高める役割をもっている。戦後の社会教育振興の歴史を見ても，地域住民同士で

学び合い，教え合う相互学習が重視されてきたことが分かる。特に，若者の自立や自己実現，生活改善を支え合う青年団や青年学級においては，小集団での活動が中心となっており，自主的な討議や実践を通じて学習を進める「共同学習」と呼ばれる参加型学習の手法の一つが，盛んに用いられた時期もあった。これに加え，20年程前からは，過疎化や都市化の影響から希薄になっていく地域のつながりづくりや，近年の度重なる災害からの復興や防災に関する意識の向上が，社会的課題となっている。平成25（2013）年の中央教育審議会生涯学習分科会による「第6期中央教育審議会生涯学習分科会における議論の整理」を見ても，「協働（個人や社会の多様性を尊重し，それぞれの強みを活かして，共に支え合い，高め合い，社会に参画すること）」するための学習活動が重視されていることが分かる。

　近年，こうした人と人との信頼関係や，お互い様という互酬性の価値の共有，人的なネットワークは，「社会関係資本（ソーシャル・キャピタル）」と呼ばれており，社会全体の安定性や発展性を支えるものとしてその醸成が社会教育の使命の一つとなっている。個人だけでなく，市民としての意識を高め，他の地域住民や関係者・関係団体と交流やつながりをもち，必要な知識・技術等を身に付け，その成果を社会参画や社会貢献の活動につなげていくような，実践志向の学習プログラムの開発・実施が，社会教育に強く期待されるようになってきていると言えるだろう。知識・理解の促進にとどまることなく，市民としての意識や行動の変容を促していく手法としても，参加型学習はますます評価されるようになっている。このように参加型学習は，今日に至るまで，我が国の社会教育にとって重要な学習支援の方法であり続けてきたと言えるだろう。

　社会教育施設等での講座，サークル等に限ってみれば，集団による相互学習が一般的ではある。しかし，もともとノン・フォーマルな機会である社会教育では，学習に参加すること自体に時間的，空間的な制約を受けやすい。職業や育児，介護等に従事する成人学習者であれば，なおさらその傾向は強い。それゆえ，個人学習（図書等の媒体を用いた自習，独学，通信教育，社会教育施設の個人利用等）の形態で学ぶ機会の方が，社会教育全体から見ればむしろ多いと言っても過言ではないだろう。

　個人学習は学習に参加する上での障壁は低いものの，子供期の学習経験や習熟度，現在の生活環境に左右されやすいため，効果的な学習方法や機会，学習媒体を自分で選択することの困難さや，孤独のために学習を途中で断念しやすい等の障害も多い。個人学習と相互学習という二つの学習形態は，社会教育の原理である自己教育と相互教育とを支えるものである。これら二つの学び方の良さを有機的に結びつけ，デメ

リットを補い合うことで，学習成果の好循環を生み出す支援法としても，参加型学習は注目できる。

　比較的容易に想像がつく効果としては，それぞれの豊富な個人学習での成果を相互学習の資源として役立てることで，集団での学習内容に深まりや，広がりを担保できることだろう。さらに，知らない誰かによって体系化された知識や情報から教えられるのではなく，身近な学習仲間との交流・対話を通じた，気付きや共感は，共通理解を作り出し，課題解決に向けた当事者意識を形成し，主体的に課題解決のための学習や活動に取り組む意欲にもつながる。

　もう一つの逆向きの流れ，つまり相互学習の成果を個人学習へとつなぐことにも，重要な学習効果がある。この学習プロセスは，おおよそ「ふりかえり・省察」（reflection）と呼ばれるものであり，参加型学習にとって重要なプロセスである。具体的にいえば，相互学習での情報や意見の交換，自己と他者の比較等によって，次の個人学習の課題整理に利用することや，学習目標や学習内容・方法のバランスを見直すこと，学習仲間からの刺激で学習成果の活用の場を開拓したり，より大きな学習目標に挑戦する意欲を高めたりすることなど，多様な学習プロセスにフィードバックすることである。これらは，学びに向かう姿勢や態度，学び方や成果活用法といった，生涯学習者としての自己教育の力を高めることにつながる支援と言い換えることもできるだろう。近年「メタ認知能力」（自分の考えについて考える（Thinking about Thinking）ための力）等とも呼ばれ，教育の場だけでなく，企業等での商品開発や人材育成，経営改善の場などでも重視され始めている。

　この「メタ認知能力」は二つの側面で構成されているという。一つは，学習課題の意義や価値についての理解だけでなく，自分の特性や置かれている状況についての自己理解，学習の方法や資源に関する支援の取り付け方についての理解など，自らが学習を進めていく上で必要な情報であり，「メタ認知的知識」（Metacognitive Knowledge）と呼ばれる。もう一つは，自分の学習状況の進捗状況や成果を客観的に判断し（モニタリング），その結果を踏まえた改善策を練り，工夫を行う（コントロール）スキルであり，「メタ認知的技能」（Metacognitive Skill）と呼ばれる（三宮真智子 2010）。こうした理論枠組みをつかって，もう一度参加型学習を捉え直せば，先に述べたような相互学習の成果を個人学習につなげる「ふりかえり」のプロセスは，「メタ認知的知識」や「メタ認知的技能」を育むプロセスとも言え，個人学習だけでも，相互学習だけでも獲得することはできない力だとも捉えられるだろう。

　社会教育では，複雑な社会的・現代的な課題解決のための，草の根的あるいはライ

フワーク的な学習に対する支援や，異なる文化的背景や価値を有する者同士が相互の理解を深め，認め合い，つながりあうネットワークづくりなど，時間をかけ総合的に支援していかねばならない活動が多い。それだけに，こうした長期間の継続的な学習活動では個人学習と相互学習という二つの学習を繰り返しながら，学習の質を高めるという参加型学習の手法は，特に有効だと言えるだろう。

2　参加型学習の効果的な活用

(1) 参加型学習の形態

　参加型学習の基本的な流れとしては，①導入（学習目標の共有化と学習の場づくり），②個人ワーク，③グループワーク，④シェアリング（学習のふりかえり・学習成果の共有化）の四つのステップで進められるのが一般的である。

① 導入（学習の場づくり）

　いかなる学習活動であろうと，効果的に学習を進めていくためには，学習プロセスの初期段階で，学習者自身が学習目標をしっかりと理解することが大事である。しかし，参加型学習は，体系的な知識に基づき，普遍的な正解を導き出すための学習ではなく，学習仲間の多様な経験や意見を基に一緒に考える経過や，その過程で自分を見つめ直す学習に重きが置かれる。そのため，学習開始時点で最終的な学習成果を具体的にイメージすることはなかなか難しい。また，講義などの一方的な知識伝達型の学習スタイル，個人学習の形態に慣れた学習者にとっては，参加型学習の手法そのものに戸惑いを感じることが多い。それだけに，学習導入時の不安を和らげるために，学習活動（アクティビティ）の狙いやスケジュールの確認については，学習活動全体の見通しを含めて，その都度具体的に説明することが欠かせない。さらに重要なのは，参加型学習そのものの理解や，参加のためのルールをしっかりと学習者が理解することである。これについては，おおよそ以下の4点にまとめられるだろう。

　1）積極的に自分のもつ経験や情報，意見を出し合う（学習資源）

　2）他者の意見を否定しない（安心・安全に発言できる学習環境づくり）

　3）平等な発言の機会を設ける（対話による学習方法）

　4）秘密の保持（プライバシーへの配慮）

　参加型学習においては意見交流や討議といった学習仲間との双方向性を活用した学習手法が多く用いられるだけに，学習者同士が発言しやすくなる学習の場づくりに努めなければならない。机やいすの配置の仕方や飲み物等の用意といった和やかな会場設営について工夫したり，学習を開始する時点で自己紹介や簡単なゲーム，共同作業

を通じて，お互いを知り，尊重しあえる関係づくりを行うアイスブレイクを用意したりすることも必要となる。

② 個人ワーク

　個人ワークはグループワークのための下準備のように思われがちだ。グループワークや討議に慣れていない学習者が集団内でどう発言してよいか，どう振る舞ってよいのか困惑する場合も多い。また，たとえ参加型学習の手法に慣れていたとしても，話し合うテーマや，課題について理解した上で，自らの経験や情報を書き出したり，まとめたりするなどの準備作業は，学習資源をより豊かにする作業として有効ではある。

　しかし，それだけではない。個人ワークは，「学習課題について自分自身の過去の経験や知識，感性と向き合い，まとめる作業であり，グループワークの中で『埋没しない』自分を作る作業」（清國 2009）でもある。多様な自立した個人が集まる集団でこそ多角的な視点をもった相互学習の質が高まるし，後述の「ふりかえり・共有化ワーク」も深まることとなるだけに，個人ワークは重要な学習プロセスだと言えるだろう。

③ グループワーク

　このフレーズについては，本章第Ⅱ節で詳しく説明されるため，ここでは省略する。

④ ふりかえり・共有化ワーク

　「ふりかえり」や「共有化」という言葉は，単に実施した活動内容のまとめを学習支援者が述べたり，あるいは学習者同士で感想を語り合ったりする時間だと誤解されることも多い。本来，「ふりかえり」は，「グループワークを通して自分自身の何がどう変容したかを見つめる」こと，すなわち，学習仲間との情報や意見の交換を通じて気付いたり，触発されたりした意識や価値が何かを明らかにするプロセスだと言える。また，「共有化」では，そうした成果をさらなる個人の成長や実践活動の発展へとつなげるための活動計画や，当初計画の修正案等を提案し，参画者を募ったり，プランの実効性を高めるために助言し合ったりする。いずれも次の学習機会へとつなぐ上で欠かせないプロセスとなる。

(2) 参加型学習の効果と留意点

　最後に，先述の鈴木による参加型学習の問題指摘，「価値としての参加か，技法としての参加か，自覚的な追求が求められている」という二つの視点から，学習支援方法として参加型学習の効果と導入のための留意点についてまとめてみたい。

　「価値としての参加」を重視して学習支援をするためには，最終的に学習者自身が，

学習活動やプロジェクトの企画・運営・評価・改善のプロセスを担える主体へと成長するプロセスが意識されていなくてはならない。こうした参加のプロセスを表したモデルの一つとして、ロジャー・ハートが開発した図１の「子どもの参加のはしご」はイメージをしやすい。もともとハートは、子供の参加のプロセスを「大人－子供」の関係を想定しながら、8段のステップに分けて、このモデルを提唱している。しかし、これを「学習者－学習支援者」に置き換えて考えても、十分に理解できる。はしごの上段にいくほどに、主体的に参加する程度が大きくなっていく。

　参加のステップは第四段目からである。他者から与えられた役割を自分なりに果たす段階から始まり、活動に関する自分の意見を求められる機会を得ること、意思決定の一員として参加すること、支援を受けながら企画・運営すること、そして最後に自らの企画・運営に周囲を巻き込むことへと、参加の度合いは増していく。また、このよ

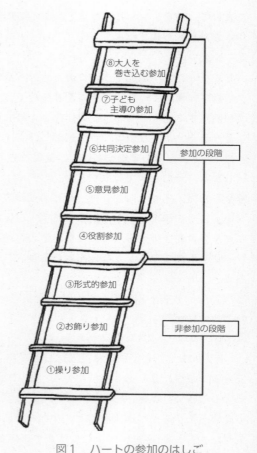

図１　ハートの参加のはしご
（出典：田中治彦『国際協力と開発教育 援助の近未来を探る』明石書店，2008年，p. 83より転載）

うなレベルアップのためには、学習者の成熟度を評価し、それに応じた体験や訓練の機会を臨機応変に追加したり、学習相談に応じたりする、継続的な学習支援があって成立することも忘れてはならない。

　なお、はしごの１段目から３段目までは「非参加」の段階とされており、これらの特徴は「価値としての参加」が成立していない活動のそれと重なる。ただし、ハートが指摘しているように、こうした段階を否定的状況と捉えるのではなく、どのような参加の在り方が必要であるかを、双方が意識するための準備段階として見守ってい

くことも，重要な支援である。つまり，参加型学習にとっては，「非参加」の段階も，重要な学習プロセスの一部に含め，支援していくことが支援者に求められる。

　一方，「技法としての参加」を重視した学習支援を行うためには，学習成果の量や質ではなく，学習プロセス内の相互作用の大きさに着目する必要がある。参加者の多様な経験はいずれも同等の価値をもった学習資源であることに気付かせることや，それらを自らの経験とつなぎ合わせて考えることの有用感，あるいは，その場に参加した人が納得できる答えを対話の中から生み出していくことの心地よさ，さらには，互いのビジョンを語り合い，共感し合うことで学びへのモティベーションを高めることの喜び等，集団での学習ならではのダイナミックスを考慮し，学習支援に取り組むことが大切となる。

　こうした参加型学習の原点には，「3人寄れば文殊の知恵」ということわざの意味どおり，多様な意見や情報をもったグループでの意思決定は，一人で行う意思決定よりも優れているという前提が存在する。一方で，集団学習だからこそ陥りやすい問題点もあるので留意が必要である。その一つが，「グループシンク」（集団思考）である。グループの意思決定において，早急に合意形成を図ろうとするあまり，集団において物事を多様な視点から批判的に評価する能力が欠落する傾向のことである（今野2010）。これら負の集団力学が生じることを避けることも，学習支援者の重要な役割と言えるだろう。

　学習支援者が心地よく発言しやすい環境づくりにばかり目を向け，学習仲間の発言をやみくもに受容したり，同調したりする雰囲気を作り出したり，学習仲間の多様な経験や意見を基に一緒に考えるプロセスを評価することなく，一つの結論を導き出すことを強調しすぎた場合に，「グループシンク」は生じやすいという。

　参加型学習ばかりが有効な学習支援の方法ではなく，学習の狙いに最も適した手法を適切に組み合わせながら支援することが大切だと言えるだろう。

（志々田　まなみ）

Ⅱ　参加型学習とファシリテーション

1　参加型学習と効果的な学習プログラムの立案

(1) 参加型学習の手法を取り入れた学習プログラム

　参加型学習は，時に特効薬となるが，必ずしも万能薬ではない。学習プログラムの立案に当たっては，参加型学習の手法が意識変容や行動変容につながる特効薬となるよう工夫しなければならない。このような視点で学習プログラムの在り方を吟味することは，学習者の主体性を引き出すに相応しい内容や方法が練り込まれているのか，学習のプロセスの中で学び合う良好な人間関係が構築されるのか，などを突き詰めることでもあり，妥協をしないとすれば困難な作業でもある。

　生活者であり，家庭人であり，職業人である成人学習者が，暮らしを豊かにし，地域や社会を良くしようとする目的で学習活動を行う場合，どのような学習プログラムを提供すれば良いかについては十分な熟慮が必要である。貴重な自由時間を割いて参加しているのであるから，学習の質を高めるとともに，学習効果を実感できるようにしなければならない。学習活動で得られた成果が実生活や諸活動の活性化，必要な課題解決に役立つようにプロセスを構想することが大切である。学習終了時に充足感や達成感，有用感等が得られてこそ，次なるステップへと進めるのである。

　このような学習プログラムの立案は，机上でハンドブックやマニュアルに目を通すだけですぐにできるものなのだろうか。参加型学習の手法を取り入れた効果的な学習プログラムの立案に当たって，立案者はどのようなことに留意する必要があるのだろうか。まず，必要な資質や能力，そして経験を列挙してみよう。

　　１）　学習支援方法の全体像を把握した上で，参加型学習の意義と特性を十分に理
　　　　解しておくこと。
　　２）　学習目標や学習課題を適正に設定し，その達成に相応しい学習内容・方法・
　　　　形態を含む学習プログラムを立案すること。
　　３）　学習者が主体的に課題解決に取り組めるよう，学習内容と参加型学習の手法
　　　　をマッチングさせ，より良いファシリテーションを行うこと。

　加えて，学習支援を効果的に行うには，学習者の中に解決を志向する何かがあり，それは社会においても解決が望ましいと認識されており，学習者が相互に関わり合うことによってより良い解決に向かうことができるものが相応しい。

(2) 学習プログラム立案の留意点

　参加型学習は学習者の関与の度合いや取組の姿勢によって，その成果が大きく左右される。社会教育の場合，その場を迎えてみないと学習者が確定されないことと，学習者の参加目的や意欲，学習の必要度が事前に十分読み切れないという点で，学習プログラム立案において一定の困難さを抱えている。一方，学習者の目的意識や学習意欲が高ければそこでの学習成果が高まるかといえば，そうとも言い切れない。なぜならば，学習者の関与や姿勢は，学習者間の関係性やファシリテーターへの信頼度に規定される側面が強いからである。つまり，学習を進める上で協働的な姿勢で臨めなければ，対立点のみが際立ったり，逆に発言を差し控えたりしてしまい，全く成果につながらないのである。必要な条件がプラスで一致すれば，申し分ない学習成果につながるわけだが，立案者としては外的な要因のみに責任を押し付けるわけにはいかない。不確定な要素が多い条件下で，事前に完全な学習プログラムを立案することは困難であるため，状況に応じて柔軟に対応できる余裕ある学習プログラムの構成にする必要がある。

　このように考えると，学習の進行に大きな役割を果たすファシリテーターが学習プログラム（少なくとも，参加型学習の時間）の立案を行うことが望ましいということになる。学習の状況に応じて軌道修正するポジションにファシリテーターがいるからである。では，このファシリテーターに相応しいのはいったい誰なのか。筆者は，社会教育関係職員（社会教育主事や社会教育指導員等の社会教育関係職員，各種団体指導者等）であることが望ましいと考えている。ファシリテーターは学習者の最も身近にいて，学びの動向を感じられる存在であり，経験を積むごとに力量が高まっていく存在だからである。かつては「ファシリテーターもできる講師」が講義内容と参加型学習の進行プランの双方を任されることが多かったが，近年では講義内容を踏まえた参加型学習を社会教育主事が進行する場面も見受けられるようになってきた。講師とファシリテーターが同一でも悪くはないが，その必然性はないだろうし，むしろ社会教育の幅広い推進のためには社会教育関係職員は少なくともファシリテーターとしての役割を果たせる能力を身に付けてほしい。

　学習に入る前の雰囲気づくりや学習者相互の関係づくり，安心して学習に参加できるように的確に進め方を説明したり，進度に合わせて柔軟に調整したり，まとめの発表から特徴的なことを引き出したりと，ファシリテーターの役割は重要である。上述のとおり，参加型学習が部分的には学習者の状況に依存することはあるだろうが，その状況にゆるやかな変革を迫り，知らず知らずのうちに学習の中に取り込んでいく環

境づくりにファシリテーターは関与しなければならない。講義とは異なり，参加型学習は生き物である。同じテーマや内容であっても，参加する学習者によって様々な表情を見せる，奥深いものである。ファシリテーターには熟練はあっても完成はなく，たゆまぬ研鑽を図りながら，絶えず向上していくのであろう。自分よりも優れたファシリテーターの参加型学習に積極的に参加して技能を高めることで，学習プログラムがより豊かなものとなるのである。

　生涯学習概論や社会教育経営論の中でも触れられてきたように，学習プログラムの立案に必要不可欠な内容として，学習目的，課題，対象，場所，予算等の把握が挙げられる。これらは可能性でもあり，制約でもある。その可能性と制約の中で最善のプログラムに仕立てていかなければならない。本来的には，解決すべき課題があり，到達すべき目標が設定され，働きかける対象（学習主体）を定め，効果を上げる学習形態や方法，場所を選択し，その実現に向けた講師やファシリテーターを決め，場合によっては参加型学習を成功に導く学習教材を開発し，有効な広報手段を考え，それに必要な予算を積み上げ，要求した結果として学習プログラムが出来上がるのが本筋であろう。しかし，実際にはそれは理想であり，現実には予算の大きな壁があり，その範囲内で組み立てることになる。

(3) 参加型学習の特性

　参加型学習の具体的な手法については，次項にてその特徴や活用の方法等に関する紹介を行う。ここでは，ラベルワークとランキングを題材として，そこから導かれる参加型学習の特性について概観する。なお，人間関係づくりや学びの雰囲気づくり等のアイスブレイクについてはここでは取り扱わない。

ア　ラベルワークの手法と特性

　ラベルワークとは，個人がもっている様々な知識や経験，アイデア等をラベルに書き込み，それらをグループで出し合い，分類，整理したり，構造的にまとめたりする方法である。この手法を身に付ければ，新たな取組に向かうとき，新しい組織を始動させるとき，思考や情報の整理をしようとするときなどに役に立つ。一歩踏み出す際によく用いられる手法である。

　展開の方法は，学習者がそれぞれにテーマに沿った内容（思いつきやアイデアを含む）をラベルに書き込んでいく。ワークの目的によって，新しいアイデアを集めたり，問題の所在を探ったり，課題解決に向けて情報を寄せ合ったりと，書き込みの内容が変化する。多岐にわたる内容のラベルは模造紙やホワイトボード上に配置

され，まとめられていく。この一連のプロセスの中で，メンバーの価値観や考え方の多様性が理解できたり，頭の中が整理されたり，次の行動につながる発言が出たりする。ラベルワークが功を奏せば，学習者は別の生活場面でもこの方法を活用してみようという意欲につながる。

　進行上の特徴としては，書き込まれたラベルにはそれぞれ背景をなす各々の信念や物事の捉え方等があるので，全てのメンバーがラベルを使って自分の意見を説明するチャンスを得られる。同じ言葉が書かれていても異なった背景が確認でき，普段交わす言葉よりも深い相互理解につながる可能性を秘めている。また，それぞれがラベルを記入しているため，性格的に進んで発言しづらいメンバーからも意見が聞きやすい（「その記述内容についてもう少し気持ちを聞かせてもらえますか」などの問いかけができる。）これらの特徴を意識しながら進行すると，全員参加型で充実した学びにつながっていく。

イ　ランキングの手法と特性

　ランキングとは，物事の優先順位を決定する際に用いる文字どおり「順位付け」することによって，多様な情報や思考を引き出す方法である。この手法を身に付ければ，ごく身近な集団での意思決定から市民レベルでの合意形成まで，あらゆる場面で力を発揮できる。一般的には合意形成は困難であり，多くの場合，議論の途中で脱線したり，論点がずれてかみ合わなかったりする。そこで有効な手法としてランキングに注目が集まるのだ。

　展開の方法は，順位付けをしたい課題（項目）を5～10個程度挙げたワークシートを準備し，学習者は個々に優先度の高い順に1番から順位付けをしていってもらう。同時にその順位付けの根拠や判断基準についても明確にしてもらう。次にグループワークに入り，それぞれの順位を一覧表にまとめて共有する。そこから議論に入るのだが，合意形成に至るプロセスの中で，個々の順位付けとなる根拠や判断基準が問われることになり，それへの気付きが最も大きな収穫となる。実は，根拠や判断基準のレベルで合意を図ることこそが重要であり，あとはその基準等に照らし合わせて考えることで自ずと順位は確定していく。最初につけた個別の項目の順序は，議論の出発点としては意味があるが，さほど重要なことではないことが共有できればランキングは成功である。この方法を用いれば，話合いは常に項目と順位に引き戻され，脱線は必要最小限にとどまる。根拠や判断基準で合意が得られれば，当初の自分の順位とは異なる結果となろうとも，不思議と心情的なわだかまりは残りづらい。

　　進行上の特徴としては，グループ討議に入る前に個人の意思決定する時間を十分
とり，各自の順位付けの結果とそう判断した基準をもち寄り，そこからグループで
の合意形成を行うことにある。また，意思決定には数字を用い，ワークシートには
メンバー全員の数字が並ぶ（一覧表）ようにし，メンバー間の差異が明確になるよ
うにする。一覧表の中で特異な順位を発見すれば気にかかるものであり，結果的に
少数意見に注目が集まる。そこで必ず発言のチャンスが回ってくるという仕掛けに
も注目してほしい。多数決の感覚で数字を見れば，少数意見は突飛なものとして無
視され，その意見の持ち主はやり切れない。しかし，グループ内で自分の（少数）
意見を表明でき共感的に受け入れてもらえれば，自分の順位が採用されなくても，
最終合意を支持することが可能である。集団での意思決定で起こりがちな情緒的な
不満を回避できる方法でもあり，うまく使いこなせれば合意形成の有効な手法とな
る。

2　参加型学習の運営とファシリテーション

(1) 参加型学習を運営する学習支援者

　社会教育においては，学習支援者（ここでは指導者も含む）を3分類するのが標準
的である。それを三つの役割で示すと，「学習内容を教える役割（類型Ⅰ）」，「学習環

表1　学習における学習支援者の役割や機能

種別		類型Ⅰ	類型Ⅱ	類型Ⅲ
直接	教授	レクチャラー・インストラクター・トレーナー		リーダー・コーチ
	助言	アドバイザー・コメンテーター	アドバイザー・コンサルタント	メンター
			カウンセラー	
間接	準備		プロデューサー・リサーチャー・プランナー	マネージャー・ディレクター
			コーディネーター・オーガナイザー・プロモーター	
	展開			サポーター
			ファシリテーター	
	評価		アナリスト・リフレクター	

（出典：社会通信教育協会『参加型学習とファシリテーション能力』2014年, p. 71）

境を整える役割（類型Ⅱ），「組織や団体を運営する役割（類型Ⅲ）」となる。

　表１の見方であるが，学習者に対して支援の発生する場面を想定して，学習者への関与の在り方から「直接」と「間接」に二分した。前者には「教授」と「助言」の場面を設定し，後者には「準備」と「展開」，「評価」という過程を設定した。便宜的にこの五つの区分としたが，重複する役割や機能も考えられ，厳密に分けることはできない。学習支援者は，学習場面やその過程によって臨機応変にその役割や機能を使い分けることが求められる。また本表では，類型ごとに求められる役割や機能を，英語で「人」を表す名詞を用い，それぞれの含意するニュアンスを考慮し配置した。英語での表記にした狙いについて，筆者の想定する三つの意図を示しておきたい。第一に，手垢のついた日本語から距離をおくことで，学習支援者に求められる役割を中立的に扱いたいからである。第二に，これらの言葉は辞書的な意味は定まっていても学習支援の文脈でコンセンサスが得られてはいないため，議論を巻き起こすことが狙えるからである。第三に，学習支援者の類型による役割の固有性は認められるものの，類型を超えた共通性に着目できたり，協働の視点が改めてもてたり，可能性を広げることに期待が寄せられるからである。結果的に相互補完的に役割や機能を組み合わせる感覚が養われたり，学習支援者としての力量を高めるための目標設定ができたり，学習支援技法の向上につながると考えている。いずれにしても，日本では学習支援者の概念が未だ曖昧模糊としている状況を，本書の読者とともに打破するきっかけとしたい。

(2) 参加型学習を展開する学習支援者の役割

　学習支援者の中でも，社会教育主事や社会教育関係職員は類型Ⅱ（表１）に該当する。それを目で追ってもらうと，実にたくさんの役割や機能を担っていることに気付くだろう。ただし，これは抽象的で具体的な役割に落とし込むことが難しいので，学習プログラムの流れに従い，学習支援者の役割や姿勢，事前準備から実施，評価や事後活動などについてのチェックリストを次頁に掲載する。

- □　参加者の参加動機や講座への要望を事前に尋ねる工夫をしている
- □　会場の雰囲気が明るく柔らかくなるように，照明や空調，場合によっては飲み物等の準備をしている
- □　初めての人にも分かりやすい丁寧な会場案内に心がけている
- □　受付でのあいさつ，会場に入った人への言葉がけ等に配慮している
- □　参加者同士が顔を合わせて話ができるように，机・椅子の配置に留意している
- □　難しい専門用語やカタカナ言葉はできるだけ避けるようにしている
- □　連続講座では，毎回ふりかえりシートを準備して，次回の講座にいかしている
- □　グループワークの効果を高めるため，付箋紙やサインペン等の文房具を常に準備している
- □　学習を通して参加者同士の良好な人間関係が築けるよう配慮している
- □　参加型学習の手法がその講座に最適なものであったか確認している

（出典：『参加体験型学習ハンドブック』2009 年，p. 60 を参照し，一部変更している）

　　学習支援者の満足度や達成感は，一般に学習者のそれらと連動している。学習者の会場を後にする時の表情が，学習成果を測る指標の一つと言っていいだろう。だからといって，至れり尽くせりのサービスを行うことが無条件にいいことなのか，学習プログラムの時と場所，場合に応じた使い分けも視野に入れておく必要がある。学習者の参画意識を高めようとすれば，受付には早く到着した学習者に担当してもらうことも意味があることだろう。講座の途中で机や椅子を動かしたり，文房具を取りに来てもらったり，講座終了後に片付けを手伝ってもらうことも大事なことだろう。学習支援者が学習者にしてもらうことも支援内容になることもある。総合的に考えた学習支援を展開することが求められている。

(3) 学習支援者に求められる資質・能力

　　学習支援者は学習機会の提供を通して，学習者にどうなってほしいのだろうか。それが達成できる支援者は有能であり，そうでなければ支援者の資質・能力は不十分ということになる。少し遠回りになるが，現在の社会状況から確認しておこう。

　　長らく続いてきた行財政改革や小さな政府を目指す新自由主義路線によって，公共サービスの縮減が余儀なくされている。少子高齢社会や無縁社会，格差社会など多くの歪みを抱える中で，医療費や生活保護費等の社会保障費はうなぎ登りである。加えて，近年の頻発する自然災害は個人の命と資産，そして国家の予算を奪い続けている。さらに人々の関係性は弱まり続け，社会基盤として重要な役割を果たしてきた共助社会も崩壊しかねない。このまま進むと日本の未来はどうなるのか，暗雲が立ちこめている。

　この文脈で考えれば，公共コストを下げるために，地域住民が主体となった自助・共助の範囲を広げざるを得ない。しかし，自助・共助とは地域住民の意識や関係性に依存する部分なので，手をこまねいていても進むものではない。だからこそ，住民の意識を自助・共助に向けるような参加型学習が必要になり，様々な機会を準備することで合意を形成しなければならない。地域の抱える問題を正しく理解し，その状況を改善あるいは解決するための手段を地域住民自身が考え，これまでの意識から一歩踏み出し，自分たちにできることを行動へとつないでいくよう，促していかなければならない。ここにファシリテーターの力が求められ，学習や実践を通して地域住民に地域を動かす力が形成されるよう寄り添うことが期待されるのである。

　私たちは高度経済成長期を生き抜いて，物質的に豊かな成熟社会を迎えることができたが，その過程で「公共の精神」という心の支柱を置き忘れてきた。便利な世の中が行き着いた先は，「他人の世話にならずに」「他人に迷惑をかけずに」生きられると勘違いできる社会であった。共助という観点から見れば，経済発展は人々の心をむしろ貧しくした。社会の成熟化は過度な個人主義を進めてしまい，価値観の多様化は「主張する多様化」に偏向し，本来向かうべき「認め合う多様化」からはほど遠くなってきた。私たちの課題は，社会における共通の価値を作り出し，それを共有することであり，新たに「公共の精神」を再構築することではなかろうか。

　現代日本の社会は，市民性の涵養や市民社会の構築が強く意識されるようになってきた。地域社会のつながりが失われつつある中で，社会を形成する個人のもろさが露呈してきたからである。ファシリテーションを駆使した参加型学習が市民性の涵養や市民社会の構築の中心的役割を担っていかなければならない。それを支えるファシリテーターの育成は喫緊の課題である。学習支援の観点はこれをも含まなければならない。社会教育の領域に限定する必要はないが，より多くの領域でファシリテーターが誕生し，人々の能力を引き出し，つないでいくことが未来社会の基礎を築くことになろう。

（清國　祐二）

Ⅲ　参加型学習の手法とファシリテーション

1　参加型学習の有効性を導くファシリテーション

　参加型学習とは一般的に学習の方法や形態と捉えられがちであるが，学習の成果やその後の効果を考えると，多分にコミュニケーションとの関連で理解した方が良い。人間は理性や感性，そして感情を併せもち，それらを言葉や表情，態度にのせて外の世界に向けて発信している。その発信は相手に好意的に受け止められることもあれば，心に届かないことや逆に反感を買ってしまうこともある。第一印象や生理的な反応はひとまず外すとして，相手の受け止め方を左右する要因として，非言語を含む広い意味でのコミュニケーションの影響があると考えておく必要があるだろう。そのためファシリテーターは参加者間に良好なコミュニケーションが成立するように手を尽くさなければならない。

　参加型学習は参加者の教育的相互作用に期待するところが大きい点で，通常の講義や講演とは異なっている。学習における効果的な相互作用を導くためには，好ましいコミュニケーションがその成否を握っている。この好ましいコミュニケーションは，話し手と聞き手の相互性の上に成立している。もっと言えば，聞き手あっての話し手であり，「聴く（共感的に受け止めながら聴く）」と「訊く（話し手に関心を寄せ質問する）」の双方に心がけて聞くことで，話し手は自分の想定以上の力を発揮できる。このことをいかに伝えるか，言葉で伝えるのか，活動を通して気付かせるのか，場面の設定と伝え方が重要である。ファシリテーターの力量は聞き手に求められる役割をいかに自覚させるかで測られるといってよい。

　その一つの手法がアイスブレイク（アイスブレイキングとも呼び，参加者の緊張をときほぐすための手法）である。ワークショップの一場面を紹介してみよう。始まってすぐにファシリテーターが「10人の異なった人と握手をして，相互に見つめ合って20秒ずつ自己紹介をしましょう。10人とできたら元の場所に着席してください。」などと指示をし，会場が笑顔であふれかえる光景を見ることがある。心から楽しんでいる人が何割いるかは分からないが，身体や口，表情を動かし，他者と関わることで雰囲気はがらりと変わる。他の参加者の表情を見たり，言葉を聞いたりすることで，自然と他者への関心もわいてくる。今日はどの程度，自分を開放していいものか，何となく想像できるようになる。

　これはほんの一例であるが，参加型学習の効果を高めるには，緊張をほぐし，リラックスした場の雰囲気をつくる必要がある。会場が狭くて移動が難しいときには，「みなさん，ご家庭ではどのように洗濯していますか。全部一緒に洗うか，分けて洗うか，分けるときにはどんな基準で分けるのでしょうか，さあ隣や前後の人と話してみましょう。」などでも良い。いろんな家庭があるので，驚いたり，感心したり，大受けしたり，安心したり，どこもかしこも笑顔に包まれる。笑われてしまっても，最初に恥をかいておけば，後は気楽に参加できるかも知れない。

　他にも種類やバリエーションはたくさんある。活動自体にはほとんど意味はなく，ただ動いて声を出させるものもあれば，ランダムにグループ分けをしたいために一重円になるよう仕向けるゲームもある。参加者全員（15名程度まで）の名前を覚えさせるアイスブレイクや協力して目標を達成させる活動もある。また，後のワークショップにスムーズにつながるアイスブレイクを選択することで，ファシリテーターの役割をも示すことができる（社会通信教育協会『参加型学習とファシリテーション能力』平成26（2014）年）。

　ファシリテーションの技能は一朝一夕に身に付くものではない。それでも近道といえる方法は，熟練したファシリテーターが実施する参加型学習に自らが参加して，その心地よさを体験することであろう。その体験を振り返り，そこに潜むファシリテーションの極意（主観で良い）をリストアップした上で，できればもう一度参加させてもらう。この際には参加者というよりは，自分の理解が正しいかどうかの検証者として参加する。その経験を踏まえて，ファシリテーターとして参加型学習の企画運営に当たるのである。いずれにしても，ファシリテーターの成熟は現場でしか実現しない。それを肝に銘じて，学びと実践の往還を心がけることが重要である。

2　参加型学習の手法の特質とその活用

　参加型学習には様々な手法が存在する。ここで全てを取り上げることはできないので，汎用性の高いものを選んで紹介する。①ワールドカフェ，②ブレーンストーミング，③ラベルワークからランキングへ，④ディベート，⑤ロールプレイ，⑥シミュレーション，⑦フィールドワーク，である（社会教育実践研究センター『参加体験型学習ハンドブック』平成21（2009）年）。その他にも，バズセッション，アサーティブトレーニング，パネルディスカッション，シンポジウム，ラウンドテーブルなどがある。いずれもその特性を十分理解した上で，学習の目的に最適な方法を選択する必要がある。

①　ワールドカフェ

説　明

　　ワールドカフェには，カフェで多様な人たちが自由に話をしているようなイメージを重ねればよい。そのようなリラックスした雰囲気の中で話合いができれば，既成の価値観にとらわれず，自由な意見が出てくる可能性が高まる。また，一定の時間でテーブルを移動し，メンバーを変更することで，新しい人との出会いや新しいアイデアとの遭遇が実現する。このように自由で縛りの少ないところにワールドカフェの特徴がある。

　　展開の方法は，学習者全員が発言できる程度の人数，4～6名程度の少人数グループに分ける。概ね10～15分程度のセッションに分け，それぞれのセッションに簡単なテーマを設定する。グループでは，各自1分程度の簡単な自己紹介を行った後に，与えられたテーマにつき10分程度（2分×人数）発言する。定刻になれば，新しいグループと次のセッションへと進む。感覚的には，関係づくりのきっかけと受け止めればよい。

展開の留意点

○限られた時間の中で参加者みんなが発言できるように，適切で簡潔な説明をする。「全員が発言できるように配慮しましょう。」や「質問して話を引き出しましょう。」等の事前の声かけに心がける。

○話合いの時間を短く設定しているため，セッションのテーマはできるだけ具体的な意見が引き出せるようなものにする。例えば，「今，最も気になるニュースは？（それはなぜ？）」，「今，あなたを悩ませているものは？（それはなぜ？）」など，その人の人柄も垣間見られるようなものであってもよい。

○最初からうまくいくことを求めず，セッションが終わるたびにその成果と課題を伝える。「笑顔でリラックスしている様子が伝わってきました。この調子で。」や「残念ながら，発言の順番が回ってこない人がいたようです。少し周囲への気遣いもお願いします。」等，ファシリテーターの気付きを伝える。

○ワールドカフェの目的を明確にしておく。参加者同士の関わりのきっかけづくりなのか，興味や関心の合う参加者を結びつけることなのか，多様な背景をもつ人から刺激をもらうことなのか，より多くのアイデアを集めることなのか，そこがはっきりしていれば，安心して参加できる。

効果的な活用のヒント

○ワールドカフェは，いくつかのセッションで構成されるとより効果が高まる。グループが変わるたびに参加者の話し方や聴き方が向上していくこともこの手法の狙いの一つである。

○参加者に名刺（片面印刷で，裏面にメモ書きができるものが望ましい。）を準備してもらっておくと良い。グループには限られた時間しか与えられないので，後ほどメール等で連絡が取り合えるようにする。

○異なる立場や役割をもつ人たちが気軽に交流できる手法でもあるので，実践者，行政職員，教員，研究者などが一堂に会するような場でこの手法を用いると効果的である。

○円滑な進行や時間配分，セッションとセッションの関連や接続への配慮を重視すれば，進行役（「ホスト」と呼ぶ場合もある。）を決めることを考えても良い。

②　ブレーンストーミング

説　明

　ブレーンストーミングとは，ブレーン（脳）がストーム（嵐）のように激しく動く様を表しており，参加者から様々なアイデアや意見が飛び出してくる方法である。これまでの先入観や常識を覆すような斬新なアイデアや意見が出されることが期待され，現状の閉塞感を突き破ることにつながれば，大きな成果をもたらすことができる。本筋からそれた意見なども出てくるが，玉石混淆の中から光る玉を見つけ出すことが重要である。
　展開の方法は，受容的で支持的な風土をつくり，どのような意見であろうとも出された意見を平等に取り扱う雰囲気を共有することから始めたい。幅広い意見や刺激的な意見に触発されて，それを上回る意見を出そうとする雰囲気も重要であり，そのためにはグループの人数は6〜8名程度が妥当となる。そうすることで自由な意見が集まり，これまでにないものが生まれてくる。そのためには，自由な発言とそれらの受容の重要性への気付きを促すアイスブレイクを効果的に用いる必要がある。

展開の留意点

○ブレーンストーミングは制約の少ない討議法であるがゆえに，次の「五つの約束」について共通理解しておく必要がある。①思いつきも含め，できるだけたくさんの意見を出す，②意見は簡潔で分かりやすいものとする，③出された意見については批判をしない，④他者の意見や異なる意見は視野を広げるものと受け止める，⑤意見を関連付け，発展させようと努める。
○自由で多様な発想が受け入れられるといっても，参加者の中には不得手な人もいる。自由は時として人の思考を縛ってしまうことがあることに留意する。また，メモ用紙や付箋を準備して，意見を書き留めておけるように配慮する。
○同じテーマで長時間の意見出しは難しいので，関連する複数のテーマ（発展や展開に沿うと良い）を準備して，20分程度の時間で切り替えていくとよい。
○ブレーンストーミングの目的を明確にしておく。できるだけ多くのアイデアを集めるためなのか，多くのアイデアをいくつかに収斂させるところまで求めるのか，出されたアイデアを今後さらに深堀りしていくことを目指すのか，その見通しがはっきりしていれば，安心して参加できる。

効果的な活用のヒント

○ブレーンストーミングは，どれだけ自由な雰囲気で発言できるかにかかっている。そのための良好な関係づくりと安心できる雰囲気づくりを心掛ける必要がある。笑顔あふれる自己紹介ゲーム等のアイスブレイクを効果的に用いて，受容的で支持的な環境を整えたい。
○ブレーンストーミングの基本は，多様なアイデアや意見を集めることにある。そのため，ラベルワークとは異なり意見の構造化や体系化等を目指す必要はない。出てきたアイデアや意見を参加者みんなで面白がって，どう生かせるか，発展させるのか，遊び心も含めて楽しみながら発言できるように促したい。
○ブレーンストーミングの中で，意見出しは重要であるが，全員が聴く姿勢を高めることによりメンバーそれぞれの意見が出やすくなることを強く意識させたい。

③　ラベルワークからランキングへ

説　明

　　ラベルワークとランキングについては，前節にて取り上げた。最も汎用性の高い手法であるといってよい。

　　例えば，地域課題や現代的課題等を取り上げて，改善や解決に向けて取り組もうとすれば，必然的に時間がかかり継続した学習会を開催しなければならない。できるだけ関心事を共有したり，つないだりするために，当初の間口は広げておいた方が良い。そこから徐々に取り組むべき課題を絞り込んでいき，行動計画を作りこんでいく。このような学習プロセスをイメージしてみよう。

　　ラベルワークを使って広くアイデアや意見を集めて，それらを分類，整理して，構造的に理解する段階がある。続いて，改善や解決に結びつけたい課題を項目化する段階がある。さらに，それぞれの項目で実現に向けた順位付けをして，行動計画を策定する段階がある。ここでランキングを用い，どのような基準を設定して，どこから取り組むかについて合意形成を図る。このような学習の流れを想定して，両者を組み合わせて活用すると良い。

　　特徴としては，書き込まれたラベルにはそれぞれ背景をなす経験や考え方があるので，全ての学習者がラベルを使って自分の意見を述べることができる。同じ言葉でも異なった背景が確認できたり，普段交わす言葉よりも深い相互理解につながったりする可能性をもっている。

展開の留意点

○ここでは複数回の学習会を想定しており，具体的な活動や行動へと結びつけるところに主眼を置いている。したがって，参加を呼び掛ける際に，加えて初回のオリエンテーションの際に，学習会のゴールや見通しをしっかり伝えておくことが重要である。

○このように前回までの学習成果を受けて，本回を迎えるというような場合，その回の最後には何がどこまで決まったのか（合意ができたのか）を確認しておいた方が良い（時間的にゆとりをもった計画とする）。本回を始める前には，前回までの決定事項や合意事項について確認してから開始した方が良い。

○ラベルワークで参加者から集めたアイデアや意見が項目化され，ランキングを使って優先順位が決定されていくため，メンバーの参画意識は高まり，当事者意識が形成されていくはずである。これがうまくいけば，具体的な行動計画を作る際に，「私のできる，得意なことはここです！」や「これはA社の友人に相談すれば何とかなりそうだ！」などの建設的な意見があふれるはずである。

効果的な活用のヒント

○学習会や研修がラベルワークを使った単発の催しとなっているケースをしばしば見かける。せっかく集められ整理されたアイデアや意見が，そこで終わってしまうのはあまりにももったいない。ランキングに限らず，ラベルワークの成果を別の手法を用いてさらに深化させるという意識をファシリテーターにはもってもらいたい。

○ラベルワーク初心者にとって，集められたアイデアや意見の体系化や構造化は難しい場合がある。最後のまとめを「絵」に表現するなどの工夫も視野に入れておくとよい。例えば，大地にどっしり構える木を描くと，根っこ，土（水や養分），幹，葉っぱ，果実（花），太陽，風，雨，鳥，虫などが必然的に付随する。木をめぐる構成要素は，それぞれに存在の意味があり，深く関わり合っている。そこに当てはめていくと，構造が分かりやすくなるという利点が生まれる。

○ランキングは順位付けという意味であるが，並んだ項目に１番から10番という序列をつける（相対化する）だけではない。例えば，項目ごとに「とても共感する」「共感する」「共感できない」「全く共感できない」などと判断していく方法もある。同じ項目であっても，参加者の受け止め方はその人の経験や環境等によって大きく異なる。順位付けに伴う話合いの中で，背景の違いに気付くことで他者への理解が進むこともある。様々な可能性に目を向ける感性をもちたいものである。

④　ディベート

説　明

　ディベートとは，設定したテーマについて，「賛成派」と「反対派」の二つのグループに分かれて，一定のルールや手続きに基づいて，両者の正当性を主張し合うという討議方法である。課題について，できるだけ感情を排して，論理的に迫ることを目的とする。両者の討議を公正に判定するために，中立的立場の観察者を配置する。

　展開の方法は，定められたタイムスケジュールに従い，それぞれの立場から論点を明確にした上で立論する。次に，相手の立論に対する反論や矛盾点の指摘を行う。両者の最終弁論の後に，観察者である第三者によってどちらが優勢であったかが判定される。それを受けて，ふりかえりの時間において判定の理由について意見交換をする。

　特徴としては，「賛成」と「反対」は役割であって個人の信念とは必ずしも一致していないことが挙げられる。むしろ，自分の信念とは逆の立場で考えることの方が大きな効果につながるとされる。この方法は，分析力や発表能力の訓練，論理的思考のトレーニングには最適であり，多くの教育現場で活用されている。

展開の留意点

○ディベートはルールの定められた討議ゲームと考えてよい。ゲームに着目すると，ルールを順守することで安心して参加でき，緊張感の中にも楽しさがあり，高い効果につながる。遊びやスポーツと同じといってよい。
○ディベートの判定に圧倒的な差が出た場合，そもそも設定に問題があることが多い。「賛成派」であれ，「反対派」であれ，その立場を理屈において正当化できるような課題を設定する必要がある。例えば，「スマホ利用」であれば双方で立論できるが，「スマホ依存」であれば片方の論拠は見出しづらくなる。
○勝敗に固執すると，感情的になるおそれがある。あくまでも討議ゲームとして捉え，討議の力量を高めるためのトレーニングであるという理解に導くことが大切である。このトレーニングを通じて，物事を論理的に考え，理路整然と発言する力が高まるという認識をもってもらう。

効果的な活用のヒント

○ディベートは討議ゲームであるため，そのルールに従い，制限時間を迎えたら冷徹に「打ち切る」ことも必要である。一度きりの取組ではディベートの本当の狙いは浸透しづらい。期間を空けて何度か経験し，そこから気付きを促すことが有効である。
○ディベートの進行スケジュール（準備や討議の順序）については，模造紙やホワイトボードにあらかじめ書き込むなどして，参加者全員が見えるように示しておくと良い。そして常に，全体の中でどのプロセス上にいるのかを，メンバー全員で共有していることが望ましい。
○ディベートのテーマをあらかじめ知らせておいて，事前に準備をしてもらう方法も有効である。資料を探す時間やそれらを読み込む時間，自分の意見を組み立てる時間をとってもらっておくと，さらに大きな気付きを導くことができる。

⑤　ロールプレイ

説　明

　　ロールプレイとは,「役割演技」ともいわれ, 設定された人物になりきってその役割（ロール：role）を即興劇風に演じる方法である。演技する役割の場合, 参加者はその設定の人物の気持ちにできるだけ近づこうと努力し, 熱演する。観察する役割の場合, 第三者的に少し距離を置きそれらのロールプレイを見ながら, その演技からそこにある問題を読み解いていく。

　　展開の方法は, 場面や状況が設定された後に, 演技役・観察役・進行役に分かれて準備に入る。筋書きや台本は準備されている場合もあれば, 参加者によって作成される場合もある。演技役は与えられた人物の気持ちになって演技を行う。最後に, 進行役が演技役・観察役に問いかけながら, それぞれの役割から見えてきたことを話し合い, 課題を多面的に捉えることになる。

展開の留意点

○ロールプレイについては, 心理的に抵抗感を示す参加者が少なくない。無理強いをすると逆効果になりかねない。そこで, アイスブレイクで緊張感をほぐしたり,「演技役はパスしたい」という意思を認めたり, 臨機応変な対応を心掛けたい。

○ロールプレイには, 大きく, 演技役, 観察役, 進行役の三つの役割がある。それぞれについて留意点を述べる。
　・演技役は, 登場人物の立場や状況を理解した上で, その人物になりきって演技するよう心掛ける。
　・観察役は, 演技力に気をとらわれず, そこで発せられる言葉やちょっとした表情を客観的に把握し, 記録する。
　・進行役は, 役割の異なった参加者から視点の異なった気付きを引き出すように努める。

○ロールプレイは寸劇（スタンツ）のように楽しませることを目的とはしていない。関わった全員がこれまでとは違った気付きを得て, それがなぜなのか深い洞察へとつながるように, 場面や状況を設定する必要がある。

効果的な活用のヒント

○ロールプレイに取り組むことによって, 自分の素直な気持ちと役割上の発言や行動とのギャップに気付くことが大切である。最も重要なのはグループでのふりかえりの時間である。ロールプレイを体験することで気付いたことを言語化し, 他者と共感し共有することによって, 深まりのある学習となる。その学習成果を日常生活に転移する意識付けができるとさらに良い。

○ロールプレイは, アイスブレイクとして使う場合, 問題提起等の導入として使う場合, 人間関係とコミュニケーションなど潜在的な意識にまで迫る場合など, 様々な活用方法がある。使い方に正解はないが, 学習が効果的に進むように目的を明確にしておく必要がある。

○人前での演技に抵抗をもつ人も少なくないので, ナレーターの役割をつくったり, 台詞を書いた紙を見ながら演技しても良いとしたり, 学習者の状況や経験, 特性などに応じて, 臨機応変な対応をすると良い。

⑥　シミュレーション

説　明

　　シミュレーションとは,「表現すること」「模擬すること」「真似すること」を意味し,直接体験することのできない状況や場面を,模擬的,擬似的に体験する方法である。
　　展開の方法を二つ挙げてみる。①（学習者は教室にはいないが）学習プログラム等の流れや展開をチェックしたい場合,プログラムを模擬的に実施することがある。教育実習において学生間で実施する模擬授業などが一つのイメージとなる。リハーサルと言い換えても良い。複数の目で検討することで,プログラムの改善につながる。②直接体験できない状況を理解しようとする場合,様々な工夫を凝らして,その状況に近い設定を行う。車いす体験や高齢者疑似体験などが一つのイメージとなる。両者ともふりかえりとまとめの時間が大切で,そこで豊かな学習が展開される。
　　特徴としては,現段階で学習者が直接体験できない状況にある場合でも,仮想場面や仮想状況を設定して疑似体験ができるところにある。あくまでも疑似であるため限界はあるが,想像力を働かせて理解しようとする態度は養える。

展開の留意点

○シミュレーションを通して何を学ぼうとするのか,そこで学んだ成果をどう生かそうとするのか,などを明確にしておく必要がある。
○模擬的,疑似的な体験であるため,参加者がお客さんとして振舞ってしまうおそれもある。できるだけ事前の準備から参加者の力を借りて,講座を一緒に作り上げていくと良い。他のメンバーが体験する際にも,補助的な役割を随時担当してもらうなど関与の度合いを上げることが大切である。
○シミュレーションを実施すると,参加者自らが体験できる時間は限られている。他のメンバーが体験していることを観察しながら,そこでの気付きをメンバーにフィードバックすることが重要となる。体験と体験の間に記録する時間を取るなど,その都度短いふりかえりの時間を取ることも有効である。

効果的な活用のヒント

○シミュレーションはこれまで,例えば,バリアフリーのまちづくりを実現するために車いす体験をしたり,人に優しい公共交通にするために妊婦体験やベビーカー体験をしたり,外国人が訪れやすい観光地づくりのためにガイド体験をしたり,比較的身近な場所とツールを使って実施していた。「困っている人」,「困っている内容」,「その理由や背景」を組み合わせることで,シミュレーションを実施するヒントが見つけられる。
○ICTやAI,ロボット等の科学技術の革新に伴い,シミュレーションの活用は相対的に増えていくことが考えられる。遠方にいる人に映像を駆使して観光の体験をしてもらったり,農業に興味のある人にパワーアシストスーツを着て働いてもらったり,自動翻訳機を使って観光案内をしてみたり,新しいシミュレーションの境地が開かれることが予測される。
○シミュレーションは,時間との勝負のところがあり,実際に体験できる人数に制限が出てくる場合がある。しかし,あくまでも全員参加型が理想であり,実際に体験している場面と他のメンバーが体験しているところを観察する場面との両方から気付きを導くことが大切である。さらにグループや全体でのふりかえりによって気付きの厚みを増したい。

⑦　フィールドワーク

説　明

　フィールドワークとは，学習者が実際にフィールド（現地）に赴き，五感を駆使して直接的に見聞きし，理解を深めたり，解決に役立ちそうな資料収集を行ったりする方法である。自然観察活動や植物採集活動，現地調査活動などがある。近年，防災や防犯の観点から地域のハザードマップづくりなどが，フィールドワークを使って行われるようになった。

　展開の方法は，まず事前学習で課題に関する情報を収集し，課題の概要を把握することから始める。あらかじめ調査内容や項目を準備することでフィールドワークの効果が高まる。次に，実際に現地に赴き，観察活動や情報・資料収集等を行う。最後に，集めた資料を基に，成果をまとめ，目的に応じた提案や報告を行う。

　特徴としては，学習者自身が直接見たり聞いたりするので，課題に対する関心や理解が深まり，課題解決への意欲的な取組へつながることが期待できる。

展開の留意点

○フィールドワークは現地での活動を行うため，参加者は足を運んだだけで満足しがちである。行きっぱなし，やりっぱなしにならないよう，収集した様々な情報等を成果に高めていく取組が大切である。それらの成果は目的に照らし合わせてまとめ，加工し，報告する。

○フィールドワークの効果を高めるために，事前学習において活動のための準備を周到に行いたい。そうすることで，最終的なアウトプットに直結する情報を漏れなく収集することができる。個人で書き留めることも必要であるが，参加者同士で言葉を交わしながら確認していくことも大切である。

○野外・屋外での活動を主とすることから，参加者の健康面や安全面には十分配慮して，決して無理をさせないようにする。気象状況等によっては開催が危ぶまれることが想定されるため，実施か中止かの判断をいつどのような方法で行うかなど，事前に周知しておきたい。

○フィールドとなる場所は，環境や景観保全など留意が必要となるところもある。また近隣の民家や旅行者等へ迷惑をかけないように，集団行動や現地の状況に応じたマナー等について事前に確認をしておきたい。

効果的な活用のヒント

○フィールドワークの効果を高めるためには，事前学習で活動の目的をはっきり共有しておくことが重要となる。そうすることで，観察力が向上し，学習者相互のコミュニケーションも活発になる。

○フィールドワークには記録が欠かせない。デジタルカメラ（スチル＆ビデオ）やICレコーダーなどを上手に活用することで，正確な記録が可能となる。当日参加できなかった人にもある程度伝えることができる。

○集めた情報を整理する際に，ラベルワークの分類・整理・構造化の方法を用いると効果的である。

○フィールドワークに効率は必要であるが，一方で「遊び心」や「好奇心」も大切である。計画になかったものが発見できて，それが成果に加えられるとなると学習の喜びがさらに大きくなる。

（清國　祐二）

参考資料

索　引

　索引語は，アルファベット順，五十音順に排列した。人名は，姓を先にして排列した。答申・報告名は，審議会名や副題を省略してある。ページ番号は，主要な解説箇所を示している。

引用・参考文献

　本ハンドブックの作成に当たり，引用した資料及び参考とした資料の一覧を以下に挙げます。一覧では，各節ごとに，編著者名の五十音順に掲載しています。

（生涯学習支援論で学ぶこと）
○国立教育政策研究所社会教育実践研究センター『参加体験型学習ハンドブック』2009年.
○鈴木眞理・松岡廣路編『社会教育の基礎』学文社，2006年.

【第1章】
（Ⅰ　社会教育における学習支援の原理）
○鈴木眞理・青山鉄兵・内山淳子編『社会教育の学習論－社会教育がめざす人間像を考える－』（講座 転形期の社会教育Ⅳ）学文社，2016年.
○鈴木眞理・稲葉隆・藤原文雄編『社会教育の公共性論－社会教育の制度設計と評価を考える－』（講座 転形期の社会教育Ⅴ）学文社，2016年.

（Ⅱ　成人期の理解と学習）
○岩崎久美子『成人の発達と学習』放送大学教育振興会，2019年.
○鈴木眞理・永井健夫『生涯学習社会の学習論』学文社，2003年.
○マルカム・ノールズ，堀薫夫／三輪建二監訳『成人学習者とは何か－見過ごされてきた人たち』鳳書房，2013年.
○堀薫夫「エデュアード・リンデマンの成人教育学」pp. 113-128.（エデュアード・リンデマン（堀薫夫訳）『成人教育の意味』学文社，1996年，所収）
○堀薫夫『生涯発達と生涯学習[第2版]』ミネルヴァ書房，2018年.
○クライス・マイセルほか（三輪建二訳）『おとなの学びを支援する』鳳書房，2000年.

（Ⅲ　特別な支援を要する人々の学習）
○鈴木眞理・津田英二『生涯学習の支援論』学文社，2003年.
○津田英二『知的障害のある成人の学習支援論』学文社，2006年.

【第2章】
（Ⅰ　学習者理解と学習相談）
○Grow, Gerald O. "Teaching Learners To Be Self-Directed", *Adult Education*

Quarterly, Vol 41, Issue 3, 1991, p. 129.

○浅井経子／合田隆史／原義彦／山本恒夫『地域をコーディネートする社会教育−新社会教育計画−』理想社，2015年.

○一般財団法人地域創造『地域における文化・芸術活動を担う人材の育成等に関する調査研究報告書—文化的コモンズが，新時代の地域を創造する—』2016年.

○マルカム・ノールズ（堀薫夫／三輪建二監訳）『成人学習者とは何か−見過ごされてきた人たち−』鳳書房，2013年.

○東山紘久『プロカウンセラーの聞く技術』創元社，2000年.

○ローレンス・M・ブラマー／ジンジャー・マクドナルド（堀越勝監訳）『対人援助のプロセスとスキル−関係性を通した心の支援』金子書房，2011年.

○シャラン・メリアム／ローズマリー・カファレラ（立田慶裕／三輪建二監訳）『成人期の学習−理論と実践−』鳳書房，2005年.

（Ⅱ　学習支援の方法・形態）

○Allen, W. H. "Media stimulus and types of learning", In H. Hitchens (ed.). *Audiovisual Instruction*, Washington, DC: Association for Educational Communications and Technology, 1974.

○Bonwell, C. C., and Eison, J. A. *Active learning: Creating excitement in the classroom*, Washington, DC: The George Washington University, School of Education and Human Development, 1991.

○Briggs, L. J. *Handbook of Procedures for the Design of Instruction*, Pittsburgh, PA: American Institutes for Research, 1970.

○Hidi, S. & Renninger, A. "The Four-Phase Model of Interest Development", *Educational Psychologist*. 41: 2, 2006, pp. 111-127.

○Johnson, D. W., & Johnson, R. T. "Making Cooperative Learning Work", *Theory into Practice*. 38: 2, 1999, pp. 67-73.

○Johnson, D. W., Johnson, R. T., & Holubec, E. J. *Circles of learning: Cooperation in the Classroom (4th ed.)*, Edina: Interaction Book Company, 1993.

○Noelle-Neumann, E. *The Spiral of Silence. Public Opinion – Our Social Skin*, Chicago: The University of Chicago Press, 1984.

○Stoner, J. A. F. "Risky and Cautious Shifts in Group Decisions: The Influence of Widely Held Values", *Journal of Experimental Social Psychology*, 4, 1968, pp. 442-459.

○Tucker, B. "The Flipped Classroom: Online instruction at home frees class time for learning", *Education Next, Winter*, 2012, pp. 82-83.

○Willing, K. *Learning Styles in Adult Migrant Education*, Adelaide: NCRC Research Series, 1988.

○ガニエ, E. D. 著, 赤堀侃司, 岸学監訳『学習指導と認知心理学』パーソナルメディア, 1989年.

○川田虎男「大学教育における, サービスラーニング導入の可能性について」『聖学院大学総合研究所 Newsletter』23: 3, 2014年, pp. 17-25.

○田中瑛津子「理科に対する興味の分類―意味理解方略と学習行動との関連に着目して―」『教育心理学研究』63, 2015年, pp. 23-36.

【第3章】

（Ⅱ　プログラム編成の視点）

○Caffarella, R.S. *Planning Programs for Adult Learners: A Practical Guide for Educators, Trainers, and Staff Developments*, San Francisco, Jossey-Bass, 1994.

○Houle, C. *The Design of Education 2nd ed.*, San Francisco, Jossey-Bass, 1996.

○Knowles, M.S. *The Modern Practice of Adult Education: Androgogy versus Pedagogy*, New York, Association Press, 1970.

○Tyler, R.W. *Basic Principles of Curriculum and Instruction*, The University of Chicago Press, 1949.

○Verduin, J. R. *Curriculum Building for Adult Learning*, SIU Press, 1984.

○岡本包治『社会教育における学習プログラムの研究』全日本社会教育連合会, 1973年.

○岡本包治「地域社会教育計画の立案とその手順」岡本包治他著『社会教育調査の技法』全日本社会教育連合会, 1970年.

○金藤ふゆ子「学習プログラム編成の視点」国立教育政策研究所社会教育実践研究センター編『社会教育主事のための社会教育計画（理論編）』2006年, pp. 76-81.

○金藤ふゆ子『生涯学習関連施設の学習プログラム開発過程に関する研究』風間書房, 2012年, pp. 1-440.

○国立科学博物館「3万年前の航海徹底再現プロジェクト」中央教育審議会第93回生涯学習分科会資料, 2018年.

○国立教育政策研究所社会教育実践研究センター『高齢者の地域への参画を促す地域の体制づくりに関する調査研究報告書』2013年, pp. 1-216.

○国立教育政策研究所社会教育実践研究センター『参加体験型学習に関する調査報告書』2008年, p. 9.

○国立教育政策研究所社会教育実践研究センター『中高年等の地域への参画を促す 学習プログラム集』2013年, pp. 1-85.

○生涯学習審議会「学習の成果を幅広く生かす―生涯学習の成果を生かすための方策につい

て―（答申）」1999年.

○生涯学習審議会「地域における生涯学習機会の充実方策について（答申）」1996年.

○白銀和彦「問題解決学習の再考察」日本教育学会『教育学研究』第33巻2号，1966年，pp. 11-20.

○文部科学省『インターンシップ好事例集―教育効果を高める工夫17選―』2018年（http://www.mext.go.jp/component/b_menu/other/__icsFiles/afieldfile/2016/10/07/1355719_001_1.pdf）

○中央教育審議会「人口減少時代の新しい地域づくりに向けた社会教育の振興方策について（答申）」（中教審第212号），2018年.

【第4章】
（Ⅰ　学習支援方法としての参加型学習）
○清國祐二「参加体験学習の効果的な活用と学習プログラム」国立教育政策研究所社会教育実践研究センター編『参加体験型学習ハンドブック』2009年，pp. 16-25

○今野裕之「会議と意思決定」海保博之・松原望監修『感情と思考の科学事典』朝倉書店，2010年，p. 397.

○鈴木眞理「学習者の参加する学習機会」鈴木眞理・永井健夫編『生涯学習社会の学習論』学文社，2003年，pp. 133-151.

○三宮真智子「メタ認知」海保博之・松原望監修『感情と思考の科学事典』朝倉書店，2010年，pp. 328-329.

○田中治彦『国際協力と開発教育　援助の近未来を探る』明石書店，2008年.

（Ⅱ　参加型学習とファシリテーション）
○国立教育政策研究所社会教育実践研究センター『参加体験型学習ハンドブック』2009年.
○社会通信教育協会『参加型学習とファシリテーション能力』（生涯学習支援実践講座）2014年.

（Ⅲ　参加型学習の実際とファシリテーション）
○国立教育政策研究所社会教育実践研究センター『参加体験型学習ハンドブック』2009年.
○社会通信教育協会『参加型学習とファシリテーション能力』（生涯学習支援実践講座）2014年.

執筆者一覧

（令和２年３月31日現在）

清國　　祐二	香川大学地域連携・ 生涯学習センター長・教授	「生涯学習支援論」で学ぶこと 第４章　Ⅱ　参加型学習とファシリテーション 第４章　Ⅲ　参加型学習の手法とファシリテーション
青山　　鉄兵	文教大学人間科学部准教授	第１章　Ⅰ　社会教育における学習支援の原理
小池　　茂子	聖学院大学教授	第１章　Ⅱ　成人期の理解と学習
岩崎　久美子	放送大学教授	第１章　Ⅱ　成人期の理解と学習 第２章　Ⅰ　学習者理解と学習相談
津田　　英二	神戸大学大学院教授	第１章　Ⅲ　特別な支援を要する人々の学習
吉田　　広毅	関東学院大学国際文化学部教授	第２章　Ⅱ　学習支援の方法・形態
井上　　昌幸	栃木県立足利工業高等学校定時制教頭	第３章　Ⅰ　学習プログラムの設計・運営
金藤　ふゆ子	文教大学人間科学部教授	第３章　Ⅱ　学習プログラム編成の視点
志々田まなみ	国立教育政策研究所 生涯学習政策研究部総括研究官	第４章　Ⅰ　学習支援方法としての参加型学習

なお，このハンドブックの作成に当たって，国立教育政策研究所社会教育実践研究センターからは，主に次の者が編集を行った。

〈平成31（令和元）年度〉

センター長	上田　　浩士
企画課長	松本　由布子
社会教育調査官	山田　　智章
専門調査員	白井　　淳子
社会教育特別調査員	忰田　　伸一
研究補助者	赤山　　みほ

〈平成30年度〉

センター長	妹尾　　　剛
社会教育調査官	二宮　　伸司
研究補助者	仲村　　拓真

生涯学習支援論

令和 2 年 4 月20日　第 1 刷発行
令和 5 年 1 月20日　第 2 刷発行

執筆・編集代表　**清國　祐二**

著作権所有　**国立教育政策研究所社会教育実践研究センター**

発　　　行　**株式会社ぎょうせい**

〒136-8575　東京都江東区新木場1-18-11
URL：https://gyosei.jp

フリーコール　0120-953-431

ぎょうせい　お問い合わせ　検索　https://gyosei.jp/inquiry/

〈検印省略〉

印刷　ぎょうせいデジタル株式会社　　　©2020　Printed in Japan　禁無断転載・複製
※乱丁・落丁本はお取り替えいたします。
ISBN978-4-324-10804-8
(5108603-00-000)
[略号：生涯支援論]